职业资格制度
助力加快建设交通强国

交通运输职业资格工作20周年文集

（国外篇）

交通运输部职业资格中心　主编

2003—2023

人民交通出版社股份有限公司
北京

图书在版编目（CIP）数据

职业资格制度助力加快建设交通强国：交通运输职业资格工作 20 周年文集. 国外篇 / 交通运输部职业资格中心主编. — 北京：人民交通出版社股份有限公司，2023. 12

ISBN 978-7-114-19163-3

Ⅰ. ①职… Ⅱ. ①交… Ⅲ. ①交通运输业—从业人员—资格认证—中国—文集 Ⅳ. ①F512-53

中国国家版本馆 CIP 数据核字（2023）第 240577 号

Zhiye Zige Zhidu Zhuli Jiakuai Jianshe Jiaotong Qiangguo
——Jiaotong Yunshu Zhiye Zige Gongzuo 20 Zhounian Wenji（Guowai Pian）

书　　名：职业资格制度助力加快建设交通强国
　　　　　——交通运输职业资格工作 20 周年文集（国外篇）
著　作　者：交通运输部职业资格中心
责任编辑：周佳楠
责任校对：赵媛媛　龙　雪
责任印制：张　凯
出版发行：人民交通出版社股份有限公司
地　　址：（100011）北京市朝阳区安定门外外馆斜街 3 号
网　　址：http：//www. ccpcl. com. cn
销售电话：（010）59757973
总 经 销：人民交通出版社股份有限公司发行部
经　　销：各地新华书店
印　　刷：北京交通印务有限公司
开　　本：710×1000　1/16
印　　张：12. 75
字　　数：146 千
版　　次：2023 年 12 月　第 1 版
印　　次：2023 年 12 月　第 1 次印刷
书　　号：ISBN 978-7-114-19163-3
定　　价：60. 00 元
（有印刷、装订质量问题的图书，由本公司负责调换）

2003—2023

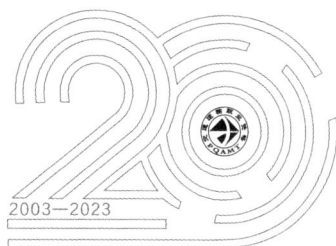

交通运输职业资格工作 20 周年文集
编审委员会

主　任

申少君

副主任

张　杰　孙　海　陈孝平

委　员

何朝平　王福恒　张　萍　郝鹏玮　张　巍
刘　欣　雷小芳　沈冬柏　周叶飞　张　曦
陈班雄　赵千昆　丛英莉　景利波　卢翊勋

2003 年 9 月，部成立职业资格制度领导小组，正式启动交通运输职业资格工作。20 年开拓进取，20 年逆水行舟，交通运输职业资格事业从无到有，走过了极不平凡的历程。张春贤、杨传堂、黄镇东、李盛霖、李小鹏、刘小明、冯正霖、胡希捷、戴东昌、王刚等部领导都亲自谋划推动职业资格工作，出席职业资格工作有关活动，就职业资格工作发表重要讲话或作出指示批示，为交通运输职业资格工作提供了顶层设计和科学指引。在部党组的正确领导下，兄弟部委大力支持，部内司局精心指导，行业上下密切配合，逐步建立起覆盖交通运输主要职业工种，贯通基础设施建设运营、运输服务和安全质量领域，涵盖行业职业研究、标准制定、考试鉴定、注册登记、继续教育、技能竞赛、国际互认等方面的职业资格制度体系，较好地发挥了对人才选拔、评价、配置、激励的作用，大批技术技能人才脱颖而出。20 年来，累计2995 万余人次参加考试（鉴定、评价），2210 万余人次取得职业资格证书或职业技能等级证书。交通运输职业资格制度的建立和

实施，对提高从业人员整体素质、规范从业行为、促进行业自律、保障交通建设和运输服务质量安全作出了重要贡献，为加快建设交通强国提供了强有力的人才支撑。

在交通运输职业资格工作 20 周年之际，将各位部领导关于交通运输职业资格工作的系列讲话、交通运输部职业资格中心部分同志的研究论文和工作体会以及经济发达国家交通运输职业资格制度结集出版，是交通运输职业资格事业艰苦创业、开拓进取不平凡历程的集中反映，是交通运输职业资格人 20 年来实践探索的智慧结晶，也是向长期以来关心支持交通运输职业资格工作的各家单位、各位领导的深情回馈。我们倍加珍视二十年来各级领导给予我们的关怀指导、各个方面给予我们的意见建议，努力在文集中充分展现大家的心血和智慧。但因编者能力有限，难免会有疏漏、有瑕疵，欢迎批评指正。

交通运输部职业资格中心党委书记、主任

2023 年 12 月

目录

2003—2023

1

英国职业资格管理体系与运行机制介绍

交通专业人员资格评价中心信息与研究处　周叶飞

从 20 世纪 70 年代开始，英国政府面对国家经济发展竞争力下降的形势，意识到英国迫切需要解决劳动力技术培训相对薄弱的问题。要解决这个问题，英国保守党政府认为必须建立一个灵活的、能主动适应经济和技术发展需要的职业教育和培训体系，而且认为培训比教育更重要，提出政府要直接介入职业教育和培训政策的制定。

因此，英国就业部、商业和工业部积极参与相关政策制定，开始推动和完善国家职业资格证书制度。随着历届英国政府对这项工作的推动，英国国家职业资格证书制度不断完善，形成了灵活可变的国家职业资格框架和分工明确的职业资格及职业教育培训管理体系。

一、国家职能管理部门

从 1995 年到 2007 年，教育与技能部是英国国家职业资格职能管理部门，它主要负责职业资格证书制度相关的政策与立法。

该部于 1995 年由英国教育部和就业部合并而成，合并的目的是通过提高国家教育成就及技能水平，并通过促进高效灵活的劳动市场来支持经济的发展，进而提高国家的竞争力和人民的生活水平。

此前，英国与许多国家一样，教育部和就业部在职业教育方面的管理职能相互交叉、相互制约。两部门合并后，在管理体制上实现教育与就业的结合，促进教育政策和就业政策的一致，进而改变长期以来教育与经济脱节的问题；合并也理顺了职业教育的管理体制，促进了职业教育的发展。

2001 年 6 月教育与就业部又更名为教育与技能部。教育与技能部以提高全体劳动力技能水平作为政策核心，突出了对职业教育的重视。

2007 年教育与技能部一分为二，分别成立了创新、大学和技能部以及儿童、学校和家庭部。在职业资格和职业教育方面，前者主要管理 19 岁以上公民职业资格，后者管理 19 岁以下青少年职业资格。

二、国家职业资格证书管理机构

资格与课程委员会负责管理全英格兰和威尔士所有资格证书的标准和质量，并针对所有资格证书（除了大学授予的学位以外），包括职业资格学校课程和评估，向政府提供建议。此外，该委员会还负责：管理国家评估体系；发展、规范和监督国家资格证书体系；为教育和培训相关机构提供全国性数据、信息、指导和支持；监督考试机构活动。

资格与课程委员会下设公共政策部、公共服务部、交流部、课程发展部、国家课程与学生评价部、普通教育资格证书和普通职业教育资格证书部、职业资格证书及行业标准部等部门。

苏格兰类似机构是苏格兰学历管理委员会，它既是认证机构又是考试机构。北爱尔兰的管理机构是北爱尔兰教学大纲、考试与评估委员会。

三、国家职业资格实施机构

行业技能发展局是职业资格实施的管理机构，它致力于促进各行业职业标准设立的有效运作，并在全英国范围内为各行业技能委员会技能分析和职业标准的建立提供经费，支持并监督他们的工作。

英国各行业技能委员会是职业资格实施的执行机构，由雇主们所有和管理，汇集了工会、职业机构和其他相关部门的专业人士，并得到这些职业机构的积极支持。

各行业技能委员会在行业技能发展局的支持下，负责制定国家职业标准，具体包括：根据技能分析，规划所在行业的技能发展；界定本行业核心专业技能，确保综合性国家职业标准的建立。

四、职业资格考试及发证机构

职业资格考试与发证机构经资格与课程委员会批准，具体负责职业资格的鉴定、考试和发证。目前，英国主要考试机构有：爱德思国家职业学历与学术考试机构；英国伦敦城市行业协会；剑桥大学国际考试学院；伦敦工商会考试委员会；会计技师协会；特许注册会计师协会。

五、教育督导机构

英国教育督导机构是政府的职业资格质量保证机构，负责英国各级各类教育和培训的督导工作。教育督导机构设立 4 大部门、26 个小部门，比较著名的是教育标准办公室和成人学习检查局。

教育标准办公室是一个政府部门，其主要工作是通过独立监察和规范，协助完善教育和幼儿保育的质量和标准，并向政府提出建议。其任务之一是负责监察为年龄在 16~19 岁之间的年轻人提供教育和培训的应试辅导学院和继续教育学院。

成人学习检查局向政府和公众汇报有关英格兰成人学习者和年轻人所接受的教育培训的质量状况。检查局负责检查所有为 16 岁以上学习者提供的公费在职培训，以及为 19 岁以上学习者提供的培训。

英国现在已经建立了职业教育与培训、职业资格考试、教育督导三大职能相互独立、相互制约的体系。教育督导结果必须向社会公布，这对教育质量及各级考试和颁证质量都起到重要的保证作用。

六、职业教育培训机构

学习与技能委员会是职业教育培训管理机构，负责为英格兰 16 岁以上人员的教育培训提供经费和制定规划。其目标是通过学习者至上的高质量的教育培训，提高培训的参与率和成功率。其规划并资助的教育培训项目有：继续教育、在职培训、员工发展、成人和社区学习。

在英国，必须通过教育培训才能获得职业资格证书。职业教育培训机构主要是各地的职业教育学院，它们由地方企业支持，并从国家主管部门获得 50% 经费，具体管理和组织职业培训工作。

职业教育学院包括：综合性技术学院、继续教育学院、工艺学院、技术学院、商学院、农学院等。其中，技术学院是有实施应用性、特定职业课程的机构，它们提供一种大学以外的选择和深造机会。英国有 500 多所继续教育学院，它们享有自主权，独立核算。

（本文发表于 2008 年第 8 期《职业资格研究动态》）

发达国家出租汽车驾驶员资格管理的启示

交通专业人员资格评价中心公路职业资格处　沈冬柏

第十一届全国人民代表大会第一次会议批准的国务院机构改革方案赋予交通运输部指导出租汽车行业管理的职能。为做好建立出租汽车驾驶员从业资格制度研究工作，我们搜集整理了发达国家出租汽车驾驶员资格管理的资料。这些国家对出租汽车行业管理模式虽然不一，但对出租汽车驾驶员管理方面的思路基本一致，都实行了严格的资格管理，值得我们借鉴。

一、发达国家出租汽车驾驶员资格管理的特点

（一）严格资格准入

美国、英国等国家均对出租汽车驾驶员设立了一定的准入条件，规定从事出租汽车驾驶工作的人员必须参加资格考试且成绩合格。

如在美国纽约，申请人提交申请表后需在出租汽车驾驶员培训机构完成 24 小时或 80 小时的业务培训，并参加涉及地图识别、街道特征、法规和顾客服务等内容的笔试以及英语能力测试，考试合格后才能获得出租汽车驾驶员试用资格证书。在新加坡，要成为出租汽车驾驶员，需年满 30 周岁，持有新加坡 C3（可驾驶带离合器、载客 7 人以下的手动挡汽车）驾照一年以上，无交通违章记录，身体健康，掌握英语及一门其他官方语言，并通过资格考试。在日本，出租汽车驾驶员需具备 3 年以上驾龄，接受 5 天教育培训（课堂教育及路考训练），并通过笔试（地理、法规测验）及路考。

5

有的国家还设置了较高的准入门槛，考试难度大，考核时间长。如在英国伦敦，申请人一般需要经过2到4年的时间才能取得全伦敦经营普通出租汽车驾驶员资格，2年左右的时间才能取得郊区经营普通出租汽车驾驶员资格。

（二）实行动态管理

首先，出租汽车驾驶员的资格证书并非终身有效，有效期满后要继续从业的，需申请延续注册或换证。如在美国纽约，试用资格证书的有效期为1年，有效期满并经评估考核合格后驾驶员可取得有效期2年的资格证书。在澳大利亚新南威尔士州，驾驶员首次取得的资格证书有效期也是1年，有效期满并完成继续教育后驾驶员可取得有效期为3年的资格证书；在南澳大利亚州，驾驶员首次取得的资格证书是有效期为3个月的临时资格证，在监督人监督下进行120小时路上训练，并通过最终资格测试后才能取得有效期为3年的（正式）资格证书。英国伦敦和新加坡等地出租汽车司机资格有效期为3年。

其次，从业人员违反规定将面临严厉处罚，严重的将被撤销出租汽车驾驶员资格。如在美国纽约，出租汽车驾驶员实行记分制管理。不在显著位置标示出租汽车驾驶资格证件、拒载、绕路、超速等行为将被记分并处以罚款。出租汽车驾驶员在取得资格后的15个月内，若累计记分达到一定标准，将被暂停营运或吊销资格。在英国伦敦，出租汽车驾驶员如不按规定携带资格证、不佩戴徽章、拒载或酒后驾车，伦敦运输局公共客运处可对其处以200英镑以上5000英镑以下的罚款，并暂停直至撤销其出租汽车驾驶员资格。对于伪造出租汽车驾驶员资格证及徽章的，将被法院判处以无限额罚款及10年监禁。在澳大利亚，各州制定了相应法律法规，对出租汽车驾驶员服务标准进行规范，通过罚款、暂停或吊销资格证等手段管理出租汽车驾驶员，出租汽车驾驶员有绕路、拒载、超载等行为的，将被处以罚款。在新加坡，出租汽车驾驶员如违规或被投诉，将被记分并罚款。2 年内累计记分为 6 ~ 20 分的，将被暂停出租汽车驾驶资格 2 ~ 8 周。超过 21 分的则被吊销从业资格。若连续 2 年未违规，可清除历史记分记录。

（三）开展继续教育

上述各地区规定出租汽车驾驶员每年要参加一定学时的继续教育，否则不予注册换证。在美国纽约，出租汽车驾驶员申请换证前需接受不少于 4 小时的继续教育，内容包括修订的法规、驾驶责任与义务、驾驶员与乘客关系、服务残障人士应注意的事项和安全驾驶教育等，以及机动车管理局认可的 6 小时安全驾驶教育。在澳大利亚新南威尔士州，首次获得出租汽车驾驶员资格证后第 9 ~ 12 月需参加高级课程培训，并通过考核才能申请换证。在新加坡，出租汽车驾驶员换证前需完成一定学时的继续教育。继续教育大纲委托新加坡出租汽车学院统一制定，并在全国认定了 7 家机构开展相关进修课程培训。

（四）注重职业道德

除了对出租汽车驾驶员的驾驶技能、年龄、健康状况提出要求外，上述国家还注重考察其工作态度和个人品行。一是在资格申请时申请人要提供无犯罪记录证明，主管部门还要查询其交通违章记录。如在美国纽约、英国伦敦、澳大利亚各州，管理部门均会对出租汽车驾驶员的刑事犯罪与交通违章情况进行查验。二是在期满换证时，有关部门会对驾驶员的表现（如是否有刑事犯罪、驾照扣分、超速以及事故逃逸等）进行评估，决定是否继续核发出租汽车驾驶员资格证。如在美国纽约，期满换证时将对驾驶员从业期间的经营行为予以评估。在新加坡，交通运输主管部门（陆路交通局）、出租汽车公司和乘客共同组建了"出租汽车司机职业资格记分制度"系统，对出租汽车驾驶员服务进行监督管理。

二、发达国家出租汽车驾驶员资格管理的启示

借鉴发达国家出租汽车驾驶员资格管理经验，对我国建立出租汽车驾驶员从业资格制度的建议是：依据法律法规，建立包括考试制度、注册管理制度、继续教育制度和从业管理制度等内容的出租汽车驾驶员从业资格制度体系，并充分发挥从业资格制度在加强行业监管、提高从业人员素质的作用，为促进出租汽车行业规范发展提供人才保证。

（一）科学评价

从出租汽车驾驶员职业特点出发，以"职业能力"为核心，研究科学、客观、操作性强的职业水平能力评价标准和评价方法。

1.评价标准：侧重驾驶员安全意识、服务意识，以及对从业区域地理知识熟悉程度、外语口语能力、服务技能等。

2.评价方法：采取理论考试与实际操作考试相结合，由部统一制定考试大纲、统一命题（各地可增加乡土地理知识的考试内容）；其中，理论考试逐步实行计算机无纸化考试。

3.考务组织：建立考试机构、考评人员监督管理制度，严格规范考试组织工作，严肃考试纪律，严防舞弊现象。

（二）动态管理

1.从业准入。依据法律法规，对出租汽车驾驶员实施从业准入制度。凡从事出租汽车驾驶经营活动人员必须取得出租汽车驾驶员从业资格证书，该证书作为从业凭证，在营运时须随身携带。

2.定期注册。凡取得出租汽车驾驶员从业资格证书人员，必须定期到当地出租汽车管理机构注册，经注册后，方能继续从事出租汽车驾驶营运活动。

3.继续教育。取得从业资格的出租汽车驾驶员在从业期间必须按规定接受继续教育，从业人员参加继续教育情况作为注册和继续从业的必备条件。

4.从业管理。结合行业管理，加强出租汽车驾驶从业行为、服务质量信誉考核，将从业期间信誉考核情况作为注册和继续从业的依据。

为强化出租汽车驾驶员从业资格动态管理，建立出租汽车驾驶员管理信息系统，主要功能为记录出租汽车驾驶员从业资格考试、注册管理、继续教育、信誉考核和从业行为等信息，实现信息全国共享，将资格管理与从业行为监管、从业人员退出机制有机结合，并为社会、企业招聘出租汽车驾驶员提供资格、信誉等方面的资料。

建立和实施出租汽车驾驶员从业资格制度应当坚持"统一领导，行业联动，合理衔接，确保稳定"的原则。加快立法进程，实行平稳过渡。出租汽车驾驶员从业资格制度实施后，凡已从政府相关部门取得出租汽车驾驶员资格的人员（包括取得上岗证、服务资格证等），均可按照规定程序换发从业资格证书。新申请从业的人员则必须通过考试取得从业资格证书。

（本文发表于 2009 年第 34 期《职业资格研究动态》）

美国公路养护人员的资格管理

交通专业人员资格评价中心公路职业资格处　李娟　李良华

一、总体情况

美国公路养护人员（Highway Maintenance Worker）负责高速公路、城市道路、农村公路和机场跑道等维修及养护工作，具体工作包括修补损坏或侵蚀路面，修复护栏和通行标志，喷绘交通标志标线以及除雪等。最新的美国劳动统计局统计调查数据显示，美国现有公路养护人员 136420 人，养护人员平均年薪为 34000 美元，属于普通技术工人层级。

从事公路养护职业，一般需要高中以上学历，取得健康证明并持有驾照，参加一定学时专项培训后方可从业。在大城市的高速公路从事养护作业，还需参加市政服务部门举办的听说读写和方向识别能力等方面测试（Civil Service Examination）。由于普遍采用机械化养护，对公路养护人员除要求应取得相应车型的商业驾驶执照、能驾驶公路养护车辆之外，还要通过培训考试掌握不同类型养护设施、设备的操作使用，具备识别路面损毁或侵蚀原因等能力。

二、纽约州公路养护人员资格管理

美国各州对公路养护人员设定了不同等级。如纽约州公路养护工作实行分片区管理制度，全州共划分为 60 个养护片区，不同片区对养护人员的资格要求有所不同。一般每个片区均有一名公路养护工程师作为片区的负责人，工作内容大多为根据任务的轻重缓急制订工作计划，确定设备、材料和人员需求，解决施工中的疑难问题，并指导工人进行操作。

在纽约州的各养护片区，根据使用机器设备的熟练程度和操作成套设备的能力，将公路养护工分为四级，分别是一级见习工（Trainee 1）、二级见习工（Trainee 2）、一级养护工（Worker 1）和二级养护工（Worker 2）。不同等级的公路养护人员的工作权责和职业能力要求不同。各片区的养护工负责道路的日常维护和辖区内公路的日常养护。除长岛外，雇员一般在一级见习工的基础上，经过规定时间的培训，作为二级见习工被雇用。下面，就分别介绍各级别的基本资格要求及主要工作内容。

（一）见习工

见习工的基本资格要求为：年满18周岁，具有州颁发的D类驾驶执照（签注商业驾驶资格不少于3个月），并通过市政服务部门（Department of Civil Service）的体检和药物测试。此外，还需通过培训和见习，获得重型自卸车驾驶资格认证（Heavy Dump Truck Certification）。在见习过程中，参与从事部分日常养护工作，包括铺筑碎石、道路清洁以及其他重体力劳动。经过培训与鉴定后，可以操作割草机、叉车等设备，并可清理下水道中的垃圾。之后再经培训和考核，可获得运输部颁发的机械设备操作的认证（DOT认证）。在一级见习工职位满一年后，可晋升为二级见习工。

二级见习工除满足一级见习工的基本要求外，还应持有经商业驾驶员认证机构认证的非空气制动车辆A级或B级有效商业驾照，并无不良驾驶记录；具备一年公路建设经验，或自重在2600磅以上的养护车辆或机械驾驶经验（高强度的合计85小时的正规培训可替代一年工作经验的要求）。在二级见习工职位满一年后，可晋升为一级养护工。

（二）养护工

见习工经过专业培训成为正式的养护工后，可以独立完成一些工作，包括：日常操作叉车、割草机、耕锄机、重型自卸车、载重拖车、打夯机、高空作业设备、料堆装载机、履带式装载机、前端装载机、滑移装载机、树桩磨床、清扫车、自动摊铺机等机器设备；安装和拆卸某些设备，更换机油和过滤器；进行设备、机具的日常保养和维修，以及施工准备等工作。在取得二级养护工资格后，一部分人有可能晋升一定的管理职位。

以上介绍的公路养护工和见习工，大多完成一些技术性不高的体力劳动和设备作业，施工中遇到的道路和桥梁养护的疑难问题要在公路养护工程师或公路养护实习工程师的指导下完成。

三、内华达州公路养护人员资格管理

根据公路养护工作职责，内华达州交通局（NDOT）将公路养护人员划分为 3 大类，7 个等级，分别为 1~4 级公路养护工（Highway Maintenance Worker Ⅰ-Ⅳ）、1~2 级公路养护管理员（Highway Maintenance Supervisor Ⅰ-Ⅱ）和公路养护经理（Highway Maintenance Manager）。不同类别和等级的公路养护人员具有不同的工作职责和职业能力要求。

（一）公路养护工

内华达州养护工由州交通局授予资格证书，1 级和 2 级公路养护工必须具有按规范要求安全操作机械设备的能力，并且服从养护管理员对试验、材料以及复杂工作的监督和质量控制。

1. 总体职责

为确保公路面层、管线、沟渠等不受侵蚀，保障护栏、标志等附属设施的完好，养护工需使用各种养护机具，对公路进行养护维修。具体为：

（1）保持公路路拱和纵坡坡度，保证路肩、涵洞和边沟良好的排水性能，防止出现水损害；维修更换公路附属设施，如：公路护栏、标志物、导向柱及树篱等。

（2）使用一系列轻型、中型、重型公路养护和修筑设备，如：旋转式除雪机、电动平地机、履带式拖拉机/拖拉机，反铲挖土机、沥青洒布车、石屑撒布机、冷刨机、路面划线机、真空清扫机和涵洞清洁机等，完成公路预防性养护、小修、路面划线和清洁工作。

（3）利用碎石和稀浆封层进行养护处理、公路的冷再生处理以及沥青嵌缝。

（4）提供养护管理系统需要的数据，回复客户要求等。

（5）利用常规方法在公路养护施工作业区域以及事故地点进行交通控制，改变车辆行驶路线、车速和车流量。

（6）维护和保养除雪设备，提供盐砂和除雪剂，清除路面积雪。

（7）保持基站、施工人员、养护部门和执法机构的通信畅通；利用智能交通系统和事故指挥系统提供的信息，及时处理外业操作的突发事件。

（8）完成材料试验等合同规定的工作。

（9）安装、维修、清洗和更换公路标志；修理、更换灯泡以及构造物上的传感器。

（10）进行公路景观区和通行区的维护。修补坑槽，清除路侧污物、植被及其他交通隐患；移除公路上的动物尸体等；进行公路景观的维护（施肥、割草及播种植被等）。

2. 各级养护工的职责

（1）4级养护工作为工长，协助1级公路养护管理员承担日常的监督管理工作；制订常规养护计划，包括材料设备和人员需求，完成所需报告等；分配、评价下级人员的工作情况，为人员测评提供资料；协助管理员进行特殊养护工作规划；组织协调机械设备、材料、人员和工作程序；处理突发事件。

此级别养护工与其他等级的不同点为协助1级公路养护管理员工作，这一职责要求4级养护工熟悉工作所需机械设备、材料、方法和程序，能有效监督他人工作，并且能够制定提高工作效率和保障工作安全的方案。此外，他们还需熟悉各种养护管理系统、养护规划、有害物性质、交通控制和机械设备维修的手册和规范，能够指导或监督砂石材料的取样和试验。

（2）3级养护工日常工作为培训低等级工人使用复杂机具进行公路的建设和养护，包括路面划线、景观绿化、除雪除冰、照明和路面标识设置等。此外，还要考察申请此级别证书的其他养护工人的工作情况。

（3）2级养护工相当于见习工人，他们主要的工作内容是接受持续的筑养路机械设备的操作培训，在通过内华达州交通局的鉴定后，在岗工作1年即可晋级为3级养护工。

（4）1级养护工是养护工的最低级别，他们经过基本的机具操作的知识和技能培训，满足入门要求，并经鉴定合格后可晋升为2级养护工。

公路养护工的入门要求为各等级养护工均要符合的基本条件，主要包括：申请和在职期间要持有驾照；根据全美再就业服务处（National Reemployment Service，简称NRS）的规定，公路养护工为涉及公共安全的职业，这一岗位的从业人员在任职前必须经过筛选并接受随机调查。

其他注意事项为：部分岗位需具有州颁发的 A 类或 B 类商业驾驶执照，并备注在任职 6 个月内，需要驾驶商用车辆运输危险物料。对于 3 级和 4 级养护工，需要精通机械设备的操作或具有一些特殊技能。

3.资格要求（见下表）

4 级养护工

教育程度和工作经验

1.高中学历或达到同等教育水平。

2.1 年在内华达州作为 3 级养护工人的工作经验，或同等的培训和工作经验

申请时需满足的知识技能要求

1.掌握公路基层、面层、路肩、排水设施等重建、翻修或修补常用的材料、设备和方法。

2.掌握以下知识：草坪的修剪灌溉技巧；公路划线材料的特性；危险物料的堆放要求；《养护管理系统手册》；粉尘控制技术；濒危物种栖息地，物种保护以及科学安全的清除外来物种措施；环境对工作的影响；利用事故指挥系统处理紧急或突发事件。

3.掌握 4 级以下养护工的全部知识技能

3 级养护工

教育程度和工作经验

1.高中学历或达到同等教育水平。

2.1 年操作内华达州交通局指定的公路养护修建机械设备的工作经历

申请时需满足的知识技能要求

1.掌握以下知识：公路养护施工区域的车辆控制和车辆行驶路线的确定；除雪技术、材料和机械设备；排水和防止水损害的方法。

2.掌握以下技能：对复杂或特定的公路养护修建机械设备进行操作指导；估计工程所需的人员和材料数量；修建和灌溉公路景观区植被；理解并解释和养护工作相关的政策、程序、规章制度和规划；操作、保养和维修复杂或特定的公路养护修建机械设备；能够与他人沟通协作。

3.掌握 3 级以下养护工的全部知识技能

2 级养护工

教育程度和工作经验

1 年公路日常养护工作经历；或者 1 年内华达州 1 级养护工工作经历

申请时需满足的知识技能要求

1. 除草剂、杀虫剂的使用方法和机械设备的操作要求。

2. 能够使用和保养多种用于常规公路养护的手动和电动工具。

3. 了解《养护管理系统手册》。

4. 掌握 2 级以下养护工的全部知识技能

---

1 级养护工

教育程度和工作经验

1 年简单劳动或半技术工作经历，能灵活使用所需的工具和机械设备

申请时需满足的知识技能要求

1. 掌握下列技能：车辆操作、车辆保养、工作程序和处理有害材料等。

2. 服从口头和书面指令；能使用普通手工工具。

3. 作为团队的一员，能进行有效的沟通。

4. 能够在恶劣的条件下工作，如：严寒或酷暑季节，在通行车道或其附近工作，或者在艰险或陡峭地带工作等。

5. 能够承担繁重的体力劳动，并简单记录

（二）公路养护管理员

内华达州公路养护管理员由内华达州交通局授予资格证书。

1. 工作职责

1）总体职责（即 1 级公路养护管理员职责）

（1）负责监督公路面层或基层的修复，以及公路的纵坡、路肩、构造物、固定设施和景观区的修建。

（2）检查指定区域的工作情况或特定的养护项目，如：公路绿化、照明、路面标识和路面划线等。

（3）制订工作计划；购买材料；规划公路日常养护和高级养护所需的机械设备；必要时操作机械设备以保证工程进展。

（4）查找指定路段的病害；根据工作任务确定人员和设备需求。

（5）查找公路隐患，提醒公众重视，尽快消除隐患。

（6）根据相关部门、县（市）、州和联邦政府的法律法规，审查公路养护的规划、图表以及计划等。

（7）监督公路照明设置、设立地面和高架标识；进行路面标记、划线和公路景观设置。

（8）培训、监督和评价公路养护人员的工作情况；确立合理的工作标准和工作制度。

（9）记录物资和机械设备使用情况，撰写交通事故和公路隐患的工作报告。

（10）根据《养护管理系统手册》，制定有关施工作业、材料、机械设备使用情况的会计成本核算。

（11）提供除雪剂，清除路面积雪；进行盐水制造设备的例行保养。

（12）在灾害天气和突发事件中，保持与基站、养护人员和总部的无线电通信畅通，以便在紧急情况中作出应急反应；利用智能交通系统和控制中心提供的信息，及时处理外业突发事件。

（13）编写项目建议书，用于监理审核；评价和监督已完成项目等。

（14）获取和使用信息中心提供的智能交通系统、公路气象信息系统的信息和气象数据，确定最佳养护作业时机。

（15）妥善存放危险物资；记录新职员安全培训情况、更新材料安全数据表格；主持安全工作会议，强调安全操作的有关规程，提高工作场所的安全性。

（16）监督承包商的工作，如：微表触、稀浆封层等，回馈客户要求。

（17）审查初步设计图，进一步明确工作范围；在设计计划完成30%、60%和90%时，需检查养护工作进展；出席工前会议，强调设计、施工中可能出现的问题；进行竣工验收，确保项目质量满足要求。

2) 2 级公路养护管理员职责

2 级公路养护管理员除履行"总体职责"中规定的职责外，还有以下职责：

（1）培训、监督和评价 1 级公路养护管理员和其他工作人员的工作情况；监督指导桥梁养护；计划、协调各项养护作业的先后次序，监督工作进展；选择材料存储地点，安排材料运输，保证机械设备到位；解决工作中出现的问题，记录工作数据；掌握并执行各种有关公路养护和工作安全的县（市）、州和联邦政府的规章制度。

（2）监督管理养护现场和其他施工区域的作业，安排和监督技术工种，如：木工、电工、油漆工等，进行公路建设区域内的构造物养护和园林养护作业。

（3）监督和评估承包商的工作；制定项目预算；制定草坪养护、清理及其他服务合同；根据政策和程序，审批承包商和服务机构提交的工程清单。

（4）参加设计人员的现场勘查，提供有关地理和公路方面的信息；在项目的不同阶段重审计划和设计方案，确定公路养护需要和重点养护区域；在项目竣工验收前再次进行现场检测。

（5）对养护工人记录的公路养护活动进行编辑汇总，向养护管理办公室汇报物资消耗和工作成果。

（6）准备年度公路养护预算提案，调整人员和设备需求；监督养护资金使用情况；记录指定区域的养护需要；向公路养护经理提交养护工作建议表，以便在全州范围内进行工作安排。

（7）回答公众或政府部门关于公路养护的问题；协调机械设备的维修和使用；向公用事业和监管机构提交安装或改进标志、照明、地下管线以及进行其他相关的公路养护活动的详细说明。

（8）准备材料采购清单；查看车辆和机械设备使用清单，列出需购置的装置和配件；监督工程项目质量；记录人员和养护工作开展情况，在员工和委员会会议上提交给政策制定部门。

2. 资格要求

（1）基本资格要求，即各级公路养护管理员都要符合的要求：申请人申请时及在职期间需要具有州颁发的 C 类驾驶执照；根据 NRS 的规定，公路养护管理员是涉及公共安全的职业，这一岗位的从业人员在任职前必须经过筛选并接受随机调查。

（2）部分岗位需具有州颁发的 A 类或 B 类商业驾驶执照，并备注在任职 6 个月内，需要驾驶商用车辆运输危险物料；需要精通机械设备或具有特殊技能。

（3）具体的资格要求，见下表。

2 级公路养护管理员

教育程度和工作经验
1. 高中学历或达到同等教育水平。
2. 2 年公路养护管理员工作经验：在各种公路养护作业中，监督指导养护工的工作经验，或两年在内华达州作为 1 级公路养护管理员经验，或同等的培训和工作经验

申请时需满足的知识技能要求
1. 能够识读公路、桥梁施工的标准平面图，掌握施工规范，为初步设计阶段的现场勘查和长期计划提供信息。
2. 能够根据县（市）、州和联邦政府的规章制度，对项目进度实施动态监控。
3. 能够起草公路养护合同，并监督合同的履行情况，评价承包商的工作。
4. 能够与普通公众和其他机构的人员进行有效的口头和书面沟通；培训下属使用自动化系统，记录工作情况并撰写报告；监督协调下级管理人员的工作；根据下级提供的数据，制定和执行公路养护年度预算。
5. 掌握 1 级公路养护管理员的所有知识技能要求

1 级公路养护管理员

教育程度和工作经验

1.高中学历或达到同等教育水平。

2.具有 1 年养护工长的工作经验，包括分派和监督下属的工作；为工作效果评价提供依据，并且协助其他养护管理员开展公路或其他类型的养护工作；或具有 2 年在内华达州作为 3 级养护工的工作经历，或同等的培训和工作经验

申请时需满足的知识技能要求

1.能够在特定要求下组织公路养护和修建作业。

2.了解采购和合同方面的知识。

3.掌握与公路养护相关的一系列政策、规章制度及工作守则。

4.熟悉冬季公路养护的公路和气象信息，能够处理突发事件。

5.有效监督植被管理合同的履行情况和对外来物种的控制情况。

6.参与日常养护规划和高级养护；监督熟练工和非熟练工的工作表现并提供员工评价报告等。

7.能够记录工作情况、机械设备和材料使用情况、人员和物资储备情况以及公路病害，撰写工作总结。

8.能够有效地和下属人员、其他养护管理员以及执法机构监管人员等沟通交流。

9.能够识读并理解草图、详图、材料安全数据表、标准平面图、拟建项目的情况介绍资料。

10.监管项目进度、计算库存及材料的需求和使用情况，能够完成测量工作；规划机械设备维修养护；估计材料的质量；确定路段养护范围、施工方法和造价，安排年度工作。

11.能够积极、妥善地处理工作现场发生的冲突，并接受新规章制度的要求

（三）公路养护经理

内华达州公路养护经理由内华达州交通局授予资格证书。根据内华达州和联邦政府法律法规、部门政策和预算机构的要求，结合本标段助理养护工程师（Assistant District Engineer）的总体要求，开展养护维修工作，确保工作人员和机械设备的安全，以保证实现本部门和整个养护区域的工作目标。

1. 工作职责

（1）制订年度工作计划，进行年度养护工作预算，规划内部人

员培训项目，协调片区养护工作，保证养护人员充足，能应对紧急情况，确保人员的联系和工作进度。

（2）监督养护管理员、机械设备管理人员、养护工、其他技工和机械设备操作员；约束员工言行，根据员工表现实施奖惩。

（3）制订机械设备使用注意事项和养护维修程序；根据机械设备故障及维修记录，研究是否需租借或购买机械设备。

（4）实施养护材料的送检工作；审查养护管理系统报告、工程项目分析报告等；监督和执行片区公路的植被种植和杂草清除工作；评价养护工作效果。

（5）每年对该片区的所有公路进行评估，提交评估报告，明确需养护维修的路段及养护维修顺序。

（6）协助片区助理养护工程师，尽可能减少养护工作带来的负面影响；回答公众、外部机构或其他部门人员的提问；出席政府、公众、土地所有者和承包商举行的会议，提供养护方面的信息并回答有关问题。

2. 资格要求（见下表）

教育程度和工作经验
1. 高中学历或达到同等教育水平。 2. 2 年作为 2 级公路养护管理员或者助理养护经理的经验，或同等的培训和工作经验
申请时需满足的知识技能要求
1. 具有良好的沟通协调能力、书面表达能力、理解能力、分析解决问题的能力，能够对项目进行有效的宏观管理；能够解释并执行相关法律法规。 2. 具有预算方面的知识和经验，系统掌握用于公路施工和养护的轻型、中型、重型机械设备及这些设备的操作方法。 3. 具有解决复杂的内外业问题的能力，正确分配原料和设备；正确分析有关信息、政策和形势，以便有效地解决问题；能够理解和解释技术报告、相关法律法规；掌握植被及杂草的清除方法。 4. 能够直接监督管理重点路段的养护工作；根据任务的轻重缓急，调整人员、机械和设备的分配。

续上表

---

5. 能够调解纠纷；根据路面特性评估养护质量。

6. 熟悉多种厂家生产的各种型号和用途的机械设备；熟悉州和交通部门的相关政策、法律法规；熟悉以下参考资料：《养护管理系统手册》、《公路桥梁施工计划》、《公路桥梁施工技术规范》、《养护样本的取样和检测频率》、《公路标识物及补充手册》、《统一交通管制设施手册》、《内华达州施工区交通管制指南》、《有毒材料、有害物质和废弃物规定》等。

7. 详细了解用于公路施工和养护的材料、机械设备和技术

四、宾夕法尼亚州公路养护人员资格管理

宾夕法尼亚州公路养护人员通常采用资格考试进行选拔。以伊利县为例，申请公路养护工程师的人员只有通过当地交通部门组织的资格考试，才可以从事公路养护工作。

（一）申请条件

通常，在资格考试前 1 个月成为伊利县公民，才可以报名参加资格考试。报考人员应具备以下报考条件之一：取得公路工程或相关专业学士学位，具备从事 6 年道路或桥梁工程施工经验，且具有 2 年相关管理工作经验；或者取得高中毕业证书或同等学力证书，具备从事 10 年道路或桥梁工程施工经验，且具有 2 年相关管理工作经验；或者虽不具备以上两个条件，但具备相关的教育培训经历和工作经验。

在报考人员资格审核过程中，审核机构首先要确定报考人员是通过专职而不是兼职获得相关工作经验；其次，报考人员的学位或者学分必须是由教育部门认可的地方学院或者大学授予的，如果不是美国教育机构授予的，那么报考人员必须提供被认可的受教育证明。

（二）考试内容

报考人员条件审核合格后，将进行资格考试。具体考试内容包括：

1.行政管理能力测试。考察报考人员指导下属人员工作的能力与方法。具体包括分配和协调不同单位间的工作，制订计划并指导员工执行，评估下属人员的绩效，维持与其他部门的关系。

2.工程专业知识测试。在特定项目中，考察报考人员识读施工图纸与技术说明书的能力，以及通过技术报告或工程施工图计算成本费用并进行质量评估的能力等。

3.施工材料与方法测试。考察报考人员在各类公共建设项目的施工、养护和维修过程中，选择合适的施工材料与施工工序的能力。这些公共建设项目主要包括挖方工程、填方工程、路面铺筑和建筑物及相关的结构物改造工程等。

4.道路、桥梁、排水系统以及其他相关结构的施工和养护知识测试。考察报考人员关于道路、人行天桥、引道、挡土墙、填筑工程、排水结构和相关附属物的施工、维修和养护过程中的标准规范、测试程序、材料以及计算方法等知识。

5.项目管理（包括合同管理和工程经济学）的知识测试。考察报考人员对公共建设项目在规划、协调和监督合同协议履行情况时使用的概念、术语、合理工序和计算方法的知识，包括成本费用效益分析以及技术经济等相关知识。

6.书面表达能力测试。考察报考人员清晰准确地描述信息和逻辑组织能力。要求报考人员必须具备良好的文字运用能力，此外，试题还可能涉及文字顺序排列问题，要求报考人员从 4 个选项中选出最佳的文字表达顺序。

（三）工作内容

报考人员通过资格考试后，通常需接受市政服务部的体检，体检合格后即可从事公路养护工作，其具体工作内容包括：

1.负责组织公路养护与维修工作，管理并检查通行道路，评价其使用状况，确定维修和养护需求；

2.现场指导并检查除雪除冰工作情况；

3.受理并调查养护范围内的居民和公路使用者的投诉；

4.召开员工会议，共同商讨和解决工作中的问题，管理劳资关系；

5.确定项目方案，制订工作计划，协调各方关系；

6.制订岗位工作计划并作出时间安排，以满足工作计划需要；

7.检查项目进度，确定其符合规范和安全要求；

8.监督管理设备的配备及使用情况，掌握各种材料规格；

9.按照负责公路方面的副工程师的要求作业；

10.监测评估高速公路项目中所要求的所有材料、零部件和设备情况，并与供应商进行协商；

11.代表本部门参加各种会议（包括学术会议）；

12.协助部门技术负责人制订建设和养护项目的计划。

五、美国公路养护人员资格管理的启示

除以上几个有代表性的地区外，我们还搜集整理了加利福尼亚州、佛罗里达州和威斯康星州等地的公路养护人员资格管理情况，总体特点为：

（一）从业人员通常需要具有高中及以上文凭，持有驾驶执照，通过考试并经体检合格后，取得从业资格。此外，具有施工养护作业经验的申请人通常被优先录用。

（二）从业人员正式上岗前，一般需要接受一定时间（半年至一年不等）的岗前培训，培训合格后，方可正式从业。

（三）从业人员通常划分不同的等级，在向高等级晋升期间，除需具备一定时间的工作经历外，往往还要经过强化训练，以达到更高等级的资格要求。

美国公路养护人员资格管理的可借鉴之处，主要有以下三点：一是由于公路养护人员属于涉及公共安全的岗位，所以大部分州对从业人员（无论是公路养护工还是公路养护工程师）均有从业准入的要求；二是地方政府交通部门注重对公路养护人员的岗前培训和晋级培训工作，使从业人员的素质不断提升；三是公路养护工程师需通过综合性考试才能取得相应的职业资格，从事公路养护工作。

（本文发表于 2009 年第 42— 44 期《职业资格研究动态》）

美国 ASE 机动车维修职业资格
标识管理简介

交通专业人员资格评价中心考务管理处　王福恒　张巍

一、ASE 认证概况

ASE（Automotive Service Excellence）意为"优秀汽车维修"。ASE 认证是由美国国家汽车维修协会（NIASE，National Institute for Automotive Service Excellence）推出的机动车维修职业资格制度，始于 1972 年，是在美国缺乏权威汽车维修职业资格制度、公众难以分辨机动车维修技师技术水平的情况下诞生的。NIASE 是一家非营利性组织，与政府机构没有直接关系，其主要目的是通过对维修技师的自愿测试和认证来提高汽车维修和服务的质量，准确评价维修技师的知识和能力。

ASE 认证科学、严谨，在美国机动车维修行业获得了良好的声誉和地位，受到美国 50 个州的广泛认可。通过 ASE 认证的技师非常受雇主的欢迎，消费者愿意选择通过 ASE 认证的维修技师修理汽车。

二、ASE 认证标识的基本情况

ASE 认证除了科学严谨的考试制度外，还推出了通过 ASE 认证人员以及机动车维修企业的统一标识。

（一）对人员的标识

1. 标识种类

ASE 对通过认证人员的标识主要有臂章、证书和职业道德规范承诺书三种。

（1）臂章。获得 ASE 认证的维修技师都佩戴印有 ASE 蓝白两色标志的臂章，臂章还标示了维修技师的级别（图1）。若通过某一专业的几个单项认证，如通过轿车维修的单项认证，则臂章上印有"轿车技师"（Automobile Technician）；如通过这一专业的全部认证，则标明"维修大师"（Master Auto Technician）。

图1　ASE 认证的臂章

（2）证书。ASE 认证证书（图2）上列出了维修技师所通过的考试模块及有效期，由 ASE 总裁签字生效。各维修企业一般都会把维修技师的证书张贴在客户等候区，方便客户在修车时选择获得 ASE 认证的技师。

图2　ASE 认证证书

（3）职业道德承诺。ASE 会要求每一名获得认证的维修技师签署一份职业道德承诺（图3），维修企业也会将此承诺书张贴在工作区域，供客户监督。

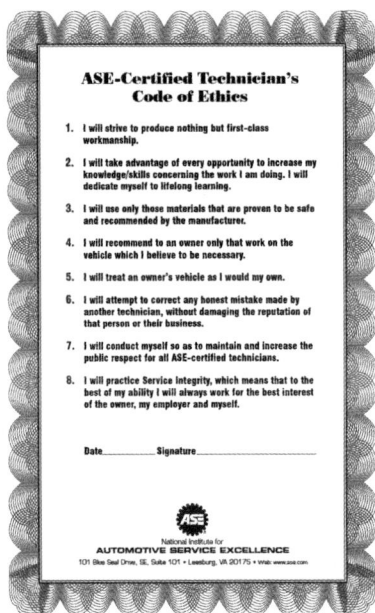

ASE-Certified Technician's Code of Ethics

1. I will strive to produce nothing but first-class workmanship.

2. I will take advantage of every opportunity to increase my knowledge/skills concerning the work I am doing. I will dedicate myself to lifelong learning.

3. I will use only those materials that are proven to be safe and recommended by the manufacturer.

4. I will recommend to an owner only that work on the vehicle which I believe to be necessary.

5. I will treat an owner's vehicle as I would my own.

6. I will attempt to correct any honest mistake made by another technician, without damaging the reputation of that person or their business.

7. I will conduct myself so as to maintain and increase the public respect for all ASE-certified technicians.

8. I will practice Service Integrity, which means that to the best of my ability I will always work for the best interest of the owner, my employer and myself.

Date_____ Signature_____

National Institute for
AUTOMOTIVE SERVICE EXCELLENCE
101 Blue Seal Drive, SE, Suite 101 • Leesburg, VA 20175 • Web: www.ase.com

图3　ASE 职业道德承诺书

2. 标识的取得

通过 ASE 认证考试后，维修技师即可收到 ASE 颁发的臂章、证书，并签署职业道德规范承诺。

3. 标识的管理

ASE 认证的有效期为 5 年，5 年后 ASE 证书将失效，要使认证继续有效，需要参加再认证（Recertification）考试，再认证考试的试题数目和考试时间都是正式考试的一半。

（二）对企业的标识

ASE 推出了针对机动车维修企业的"优秀蓝印"计划（Blue Seal Excellent Program），在人员、设备等方面均符合 ASE 要求的维修企业可以申请加入"优秀蓝印"计划。

"优秀蓝印"主要针对机动车维修企业（4S 维修站、维修厂、快修店等）、支持企业（研究机构、诊断服务公司等）、零部件销售企业（批发商、零售商等）三类。截至 2009 年 10 月 31 日，全美国及加拿大共有 1233 家机构通过了 ASE 的"优秀蓝印"认证。

1."优秀蓝印"的取得

申请"优秀蓝印"的企业须至少满足以下两个基本条件：一是至少有 75% 的维修技师通过 ASE 认证，二是每个服务领域至少有一名技师通过 ASE 认证。

维修企业要填报统一的"优秀蓝印"申报表格，ASE 机构审核通过即可。"优秀蓝印"每年四次（1 月、4 月、7 月、10 月）定期申请。初次申请费用为 235 美元。

获得"优秀蓝印"认证的企业可获得以下标识和服务：

统一铭牌（Customized wall plaque），印有企业名称及"优秀蓝印"标识的铭牌，是供客户识别的主要标志。

广告垫（Counter mat），印有"优秀蓝印"标识和特色广告的柜台垫。

客户手册（Customer brochures），方便客户了解"优秀蓝印"认证企业特色的小册子。

宣传套件（Promotional kit），在媒体上发布广告、新闻稿并附带 ASE 标识的宣传服务。

地方黄页（Yellow pages program），在地方黄页上发布企业宣传信息，方便客户查询并选择。

2."优秀蓝印"的管理

"优秀蓝印"申请成功后并非终生有效，ASE 每年要进行一次评估，以确保企业仍保持优秀。一年到期后，ASE 会给企业发送更新申请表，再次申请的费用为 65 美元。

三、ASE 标识的特点及启示

（一）ASE 标识与其过硬的考评质量相得益彰、相互促进

ASE 的各项标识均建立在其过硬的考评质量的基础上。在确保考评质量的前提下，ASE 的各项标识才得以迅速推广并深入人心。ASE 的标志也起到了扩大认证的知名度、方便广大消费者选择优秀维修技师的作用，促进了 ASE 认证的发展。

因此，要建立统一的机动车维修人员标识，首先要确保标识所代表的考核评价科学有效，否则，脱离了高质量的科学评价，标识管理只能是无本之木、无源之水。

（二）ASE 标识的有效性是其用心经营的结果

ASE 管理机构十分重视标识的管理，其对人员和企业的标识早已成为 ASE 品牌密不可分的一部分，也是其企业形象识别系统（Corporate Identity System）密不可分的一部分。

ASE 机构对标识的管理十分细致。如其对通过认证的人员，不仅仅是一纸质证书，还包括了臂章等标识，同时在 ASE 的在线商店里还有印有 ASE 标识的帽子、服装等供通过认证的维修技师选购。这些与"优秀蓝印"的一系列标识一起，形成了全方位的标识体系，有利于扩大 ASE 认证的影响力。另外，ASE 机构对标识实施的都是动态管理。如 ASE 认证证书不是终身有效，这就促进获得证书的维修技师不断学习、提高；采取再认证考试的方式，避免了继续教育流于形式的弊端。

因此，在我们实行机动车检测维修人员标识管理时，也要做到科学合理的规划，认真细致的管理，用心经营，才能真正起到标识

的作用。

（三）ASE 标识起到了方便消费者的作用

ASE 标识已深入人心，成为很多消费者在选择机动车维修服务时的主要参考依据。美国很多州政府的消费者事务部门在其网站上推荐有 ASE 标识的维修技师或维修企业供消费者选择。同时，ASE 机构接受认证人员职业道德方面的投诉，规范维修人员的从业行为，也得到了消费者的支持。

机动车维修关系到广大消费者的切身利益，建立我国的机动车维修职业资格制度，就是要通过提高维修人员的技术水平和职业道德水平，最终使广大消费者得到优质便捷的机动车维修服务。而标识管理要在完善职业资格后续管理、方便消费者选择机动车维修服务方面起到应有的作用。

（本文发表于 2010 年第 1 期《职业资格研究动态》）

英国 Driver CPC 继续教育管理体制
和运行机制

交通专业人员资格评价中心公路职业资格处　李良华

一、Driver CPC 继续教育要求

欧洲理事会和欧盟议会于 2003 年 7 月 15 日签发第 59 号令，推出"驾驶员职业能力认证制度"（Driver CPC）。该制度对营运驾驶员建立了强制初次资格认证和定期培训的要求。根据规定，为保证驾驶员能持续更新知识技能，不论驾驶员是否在岗或在岗时间长短，均要求在 5 年内完成 35 学时的继续教育。欧盟各成员国在59 号令基础上结合本国实际，对有关法律法规及管理制度进行了修订，建立了适应欧盟要求的营运驾驶员继续教育管理体制和运行机制。

二、管理体制

英国运输部驾驶标准局（DSA）负责驾驶员的资格管理。为加强营运驾驶员继续教育管理，驾驶标准局对培训机构和培训课程建立了认证制度，并授权客运和货运的两大行业组织（Go Skills 和 Skills for Logistics）联合成立第三方机构——定期培训联合认证机构（JAUPT，以下简称认证机构），负责定期培训制度的具体实施。

认证机构的职责包括审批培训机构，审定培训课程，为培训机

构和培训课程制定编码、对培训机构和培训课程实施质量监管，及时制修订审批标准等。

三、运行机制

在英国，开展营运驾驶员定期培训，需取得认证机构的认证。认证分为培训机构认证和培训课程认证，认证均设有有效期。其中，培训机构的认证有效期为五年，有效期满后需重新申请认证；培训课程的认证分为初次认证和再认证（二者在认证程序、内容和费用上有所不同），初次认证有效期为一年，有效期满五年内可申请再认证，否则需重新申请初次认证。申请培训机构或者培训课程的认证，需缴纳一定的费用，如培训机构认证费为 1500 英镑，培训课程初次认证费为每学时 36 英镑。

在培训质量监管方面，认证机构将根据培训机构在课程认证申请时提供的课程评估方法，对课程的有效性等内容进行评估，同时还将查阅培训机构的培训记录存档情况，如培训学员信息、培训课程信息、课程评估记录和驾驶员意见反馈单等，以确保培训机构培训质量。

驾驶员根据认证机构网站公布的培训机构和培训课程信息，自由选择参加培训。驾驶员完成相应课程学习后，由培训机构根据有关要求出具培训证明（推荐式样由认证机构制定）。培训机构需在课程结束 5 个工作日内将驾驶员的培训记录上传至全国驾驶员数据库中。该数据库由驾驶标准局负责建设，向社会提供驾驶员的定期培训记录等信息查询。培训机构上传培训记录需向驾驶标准局缴纳费用，目前的标准为 1.25 英镑/（人·学时）。

四、认证要求

（一）培训机构认证

1. 主要标准

对培训机构的认证建立了相应的评价体系，主要从机构风险防范能力、信息化管理、教学设施条件、培训组织管理、培训质量评估、培训意见反馈、培训档案管理、培训师资和认证课程等方面进行评判，每一类评价指标都建立了相应标准。

2. 申请材料

认证机构制订了专门的培训机构认证申请表。申请表内容包括培训组织机构、基础设施、拟开设课程和培训师资等情况。其中，培训组织机构信息包括培训机构的注册名称和地址、培训机构类型（如内部培训、培训机构、培训学院）、已具备的培训许可、已开设的课程；基础设施信息包括培训场所、管理人员、教学设施和设备，以及投保情况（风险承担能力）等。

通过认证的培训机构将授予"定期培训"的统一标识和专门的机构编码，如下图所示。

通过 JAUPT 认证的培训机构统一标识

（二）培训课程认证

欧盟制定了统一的继续教育大纲，提出了继续教育的目标和基本要求。继续教育大纲包括三个方面的内容，分别是：基于安全行驶的合理驾驶技术培训，与驾驶相关的法律法规，以及行车安全、环境保护、运输服务和物流知识。培训机构根据欧盟的大纲要求，策划开发课程，并向认证机构申请认证。培训机构开发的课程通常需达到英国国家职业资格二级（NVQ2）的能力要求，即"在复杂多变的工作活动与工作环境中，具备运用知识与技能的能力，以及在工作团队中与他人互相合作的能力"。

培训课程的认证申请应包括培训机构注册名称、课程名称、课程目标、课程学时、课程计划招生人数、课程评价方法和培训师资等信息，经审核通过后将在认证机构网站向社会公布。在课程认证申请时，需由申请人提供对该课程有效性的评估方法。对通过认证的课程，认证机构将根据该评估方法对其进行质量监管。

（本文发表于 2010 年第 3 期《职业资格研究动态》）

英国营运汽车驾驶员继续教育大纲及启示

交通专业人员资格评价中心公路职业资格处　李良华

英国分别于 2008 年 9 月和 2009 年 9 月对营运客车和货车驾驶员实行了定期培训制度。目前全英通过"定期培训联合认证机构"（JAUPT）认证的培训机构有 625 家，培训课程 1278 门。根据规定，这些课程应符合欧盟统一制定的继续教育大纲要求。

一、继续教育大纲内容

继续教育大纲分为三个部分，每个部分针对不同对象，分别提出了继续教育应达到的技能目标和掌握的主要内容。

（一）基于安全行驶的先进合理驾驶训练

适用于所有车辆：

1. 目标：掌握汽车传动系统的特点，以便充分发挥汽车性能。

——汽车扭矩曲线、功率、发动机消耗特征、转速表的最佳使用区域和变速器传动比等。

2. 目标：掌握车辆控制的技术特性，以便安全操作，减少磨损，防止车辆功能失常。

——液压真空刹车管路的特性，制动系统和减速器的特性，制动系统和减速器的组合使用，车辆加速器和齿轮传动系统最佳使用状态，下坡时借助车辆惯性减速制动时事故的预防。

3. 目标：车辆驾驶节能技能。

——达到以上两项目标要求时，使车辆油耗达到最佳水平。

适用于货车：

4.目标：遵守安全规则，掌握车辆合理配载和正确操纵车辆的能力。

——影响车辆运行的各种因素，根据车辆载重和道路情况合理换挡，本车或牵引车的有效载重量、载重分布和车辆总容积，车辆超载的后果，车辆稳定运行和车辆重心，包装堆放技术，需要特殊安全保护的货物类别和特性，安全绳的使用，安全设施的检查，装卸设备的使用，以及防水布的安放和移除等。

适用于客车：

5.目标：具备保障乘客安全和舒适的能力。

——车辆加减速前进和侧向变道，与其他车辆共享道路，适时调整行驶车道，平稳制动，公共交通基础设施（如公共区域、专用车道等）的使用，安全驾驶和其他驾驶状态间的情绪处理，与乘客互动，照顾特殊乘客（如残疾人、儿童等）。

6.目标：遵守安全规则，掌握车辆合理配载和正确操纵车辆的能力。

——影响车辆运行的各种因素，根据车辆载重和道路情况合理换挡，车辆最大载客人数和载重分布，车辆超载的后果，车辆稳定运行和车辆重心。

（二）与驾驶相关的法律法规

适用于所有车辆：

1.目标：掌握道路运输管理的有关规定及其社会环境。

——道路运输驾驶员最长持续工作时间的规定，欧盟道路运输共同运输政策（EEC 3820/85 和 3821/85）的原则、应用和影响；对不当使用速度记录仪的处罚规定，道路运输的社会环境；驾驶员在 Driver CPC 初次资格认证和定期培训中的权利和义务。

适用于货车：

2. 目标：掌握货物运输管理的有关规定。

——货物运输经营许可，货物运输标准合同规定的义务，货物运输合同的起草，国际货物运输许可，国际道路货物运输合同文本，制定国际托运单，跨境货物运输，货运代理的相关文件。

适用于客车：

3. 目标：掌握旅客运输管理的有关规定。

——对特殊旅客群体的运输安全，公共汽车安全设备、安全带和车辆载重安全等方面的规定。

（三）行车安全、环境保护、运输服务和物流知识

适用于所有车辆：

1. 目标：使驾驶员注意道路运输存在的风险和可能出现的意外事故。

——道路运输行业的典型事故案例，道路运输事故统计，包括事故涉及的货车/客车、人员以及财产损失。

2. 目标：具备预防犯罪和防止运输非法移民的能力。

——预防犯罪的基本方法，驾驶员运输非法移民的后果，预防措施，检查内容与程序，运输运营者的法律责任。

3. 目标：具备防止人身伤害的能力。

——人类工程学原理，面对风险应采取的动作和姿势，事故演习，个人保护措施。

4. 目标：认识身体与心理健康的重要性。

——健康和饮食均衡原则，酒精、药物及其他可能影响驾驶员行为的物质特性，疲劳与压力的症状、原因和影响，正常的工作和休息周期的重要性。

5. 目标：具备应急反应能力。

——紧急状态下的应对措施，应急状态评估，交通事故的预防，救援设备的使用，伤员救治和急救措施，火灾事故应对，乘客疏散和乘客安全保障，事故侵害应对，交通事故报告内容。

6.目标：具备通过自身行为，提高公司形象的能力。

——驾驶员行为与公司形象的关系，驾驶员服务水平对公司形象的重要性，驾驶员和顾客的定位，车辆保养，工作组织，纠纷和投诉对商业和经济的影响。

适用于货车：

7.目标：掌握道路货物运输市场组织及其经济环境情况。

——道路货运与其他运输方式的关系（竞争、合作等），不同道路运输活动的特点（待雇运输、自有运输和运输辅助业务等），运输企业和运输辅助业务的组织类型，专项运输（如油罐车、冷藏车等）、道路运输行业发展（服务多样化，公铁联运和分包转包等）。

适用于客车：

8.目标：掌握道路旅客运输市场组织及其经济环境情况。

——道路客运与其他客运方式（如铁路、私家车等）的关系，国内道路旅客运输、跨境运输（国际运输）等不同运输活动的特点，道路客运企业的组织类型。

二、启示和建议

（一）制定统一的继续教育大纲，明确继续教育目标和要求，有利于规范继续教育，提升营运汽车驾驶员素质。

欧盟统一制定的继续教育大纲，对营运客车驾驶员和货车驾驶员继续教育的共性和个性目标分别予以明确，有利于继续教育的规范化实施，确保营运汽车驾驶员素质的整体提升。对我国道路运输驾驶员实施继续教育，也应统一继续教育大纲，同时结合实际，充分开发继续教育资源，稳步提升道路运输驾驶员职业技能和素质。

（二）根据统一的继续教育标准，对继续教育培训机构严格管理，有利于继续教育的顺利实施。

继续教育培训机构是继续教育的重要实施载体。能否按照统一的标准实施继续教育，培训机构是关键。对培训机构制定推荐性准入标准，严格培训的过程管理，把住培训质量监管关，使参加继续教育的驾驶员学有所成，学有所值，才能保证继续教育的持续健康发展。

（三）充分发挥行业各方力量，共同做好驾驶员的继续教育工作。

英国在 Driver CPC 实施过程中，英国运输部驾驶标准局（DSA）作为继续教育主管部门，授权道路客运和道路货运两大行业组织联合成立"定期培训联合认证机构"（JAUPT），负责对营运汽车驾驶员定期培训机构和课程的认证管理。培训机构根据统一的继续教育大纲，结合道路客货运输企业的实际需求开发设计课程，使培训符合行业发展需要。在我国道路运输驾驶员继续教育实施过程中，要充分发挥行业主管部门、职业资格管理机构、行业协会和道路运输企业等各方力量，共同推进营运汽车驾驶员的继续教育工作。

（本文发表于 2010 年第 4 期《职业资格研究动态》）

美国内华达州公路桥梁养护
专用设备操作员的资格管理

交通专业人员资格评价中心公路职业资格处　李娟

在美国内华达州的公路桥梁养护人员队伍中，除了普通的公路桥梁养护工以外，还有一部分公路桥梁养护专用设备操作员，他们的主要任务是操作专用设备完成桥梁和涵洞的检修与养护工作。

一、主要工作内容

美国内华达州公路桥梁养护专用设备操作员主要工作职责为驾驶拖挂车，操作桥梁检测器和真空吸尘器等公路桥梁养护设备，进行公路桥梁的养护作业，并负责设备的日常保养。

操作桥梁检测器时，专用设备操作员要布置工作平台，检查设备，确定检测控制点的位置，测定时需监控仪表盘和负载矫直机以确保仪器在安全范围内运行。在检测结束后，指导现场工作人员清除桥梁轴承垫和墩帽上的碎片，疏通排水管线，修补桥体混凝土和沥青桥面。

在进行施工现场清洁时，专用设备操作员要将喷水泵机安放在适当的位置。执行安全检查并疏散下游地区的人员，在冲洗场地过程中要实时监测管子的压力。

在进行下水道等管涵清洁时，专用设备操作员要将真空吸尘器放置在下水道入口的位置，开启发动机，调整真空压力，根据障碍物的情况增压或减压，并指导现场工作人员清除碎石等残渣。

此外，专用设备操作员还要负责设备日常的定期检修，包括更换机油和过滤器、润滑机器、检修电路、冷却液压系统以及进行安全检视等。

二、级别划分

专用设备操作员分为三级，即一级专用设备操作员（Special Equipment Operator Ⅰ）、二级专用设备操作员（Special Equipment Operator Ⅱ）和三级专用设备操作员（Special Equipment Operator Ⅲ）。

其中，三级专用设备操作员负责组建桥梁检查组，分配任务，指导工人操作设备并检查工作完成情况；还要负责面试、培训新入行的人员。二级专用设备操作员是一个承上启下的中间级别，要熟悉掌握一整套桥梁检查与真空清洁的技术流程。三级和二级专用设备操作员工作时要接受监督。一级专用设备操作员是专用设备操作员的入门级别，工作时要接受较为严格的监督，在职期间要学习桥梁检查与真空清洁技术，做一些辅助性工作，在晋升为二级专用设备操作员以前，要经指定机构认证。

三、从业要求

（一）专项要求

1. 持有内华达州 A 级或 B 级商业驾驶执照 6 个月以上。

2. 完成为期 12 个月的桥梁检查培训课程。

3. 根据全美再就业服务处（National Reemployment Service，简称 NRS）的规定，二级和三级专用设备操作员为涉及公共安全的职业，这一岗位的从业人员在任职前和任职期间，均需接受国家管制材料使用及保有的调查。

（二）知识和技能要求

1.三级专用设备操作员

（1）学历要求：高中毕业或同等学力，2年重型设备或拖挂车运输及桥梁检查与真空清洁技术的工作经验；或2年内华达州二级专用设备操作员工作经验；或与此相当的教育及工作经验。

（2）知识、技能与能力要求：拖挂车、桥梁检测器和真空吸尘器的操作规程，建立及维护养护作业区标志与交通控制等；州政府及联邦政府对商用车的操作要求；桥梁维修养护的需求和方法，构造物的名称及构造物检查的设备及使用技巧。需在全国范围内协调分配工作，包括装卸、运送设备，协调代理商及赞助商等。能够操作本部门的养护和操作设备；指导其他员工驾驶各种新型的商用车、操作重型设备；能够识别桥梁的损害与缺陷；能够有效配置人力和物力资源；掌握低级别专用设备操作员的所有知识和技能。

2.二级专用设备操作员

（1）学历要求：高中毕业或同等学力，1年重型设备或拖挂车运输及桥梁检查与真空清洁技术的工作经验；或1年内华达州一级专用设备操作员工作经验；或与此相当的教育及工作经验。

（2）知识、技能与能力要求：掌握拖挂车、桥梁检测器和真空吸尘器的操作规程与方法；特大型仪器与危险货物的安全运送与放置要求；州政府及联邦政府对商用车的有关规定；建立及维护养护作业区标志与交通控制；设备操作系统知识及结构与构造物的专用术语等。根据州政府或联邦政府的要求，布置交通控制设施，执行桥梁养护与维修操作；设备例行养护；能够在长距离、复杂地形以及恶劣天气下安全驾驶拖挂车；能够安全操作桥梁检测器和真空吸尘器；掌握低级别专用设备操作员的所有知识和技能。

3. 一级专用设备操作员

（1）学历要求：高中毕业或同等学力，1 年重型设备或建筑设备操作经验；或与此相当的教育及工作经验。

（2）知识、技能与能力要求：公路、桥梁建筑与养护的原料、设备及技术方法；货物放置与设备操作的安全注意事项；能够理解和传达口头或书面指示；能够识读设备的检修操作说明；正确装卸设备和物资；能够从事相当一段时间的体力劳动；能够操作重型建筑养护设备或使用普通工具进行公路的维修和养护。

（本文发表于 2010 年第 7 期《职业资格研究动态》）

日本机动车维修人员职业资格管理介绍

交通专业人员资格评价中心专项工作顾问　金守福

日本是一个汽车大国，生产的汽车行驶在世界的各个角落。日本也是一个机动车维修行业十分发达的国家，其机动车维修人员（直译为"自动车整备士"）的维修技能被世人称道。本文主要介绍日本机动车维修人员资格管理情况。

一、法律作出明确规定

日本1983年发布的《道路车辆法》第五十五条，对机动车维修人员的理论考试和实操技能考试作了专门规定，要求申请从事机动车维修职业的人员必须参加车辆维修理论考试和实操技能考试，考试合格后方能从事机动车维修职业。该条款还明确规定，应考人员如考试作弊，三年内不得重新申请考试。

此外，日本国土交通省1992年修订的《优良自动车整备事业者认定规则》，对机动车维修人员考试、发证、注册登记和从业管理等也作出了详细规定。

二、强化政府对维修人员职业资格的管理

日本法律规定，机动车维修人员理论和实操技能考试由国土交通省负责，各级政府交通运输部门具体负责机动车维修人员的考试和管理工作。国土交通省成立专门机构负责机动车维修人员的职业资格管理工作，制定严格的考试政策和考试程序，确保考试合格

45

人员能够胜任机动车维修业务。对在考试中不负责任的公务人员和考试工作人员，给予严厉的处罚。日本 60 多个县、市交通（运输）局（处、科）也都有专门机构负责机动车维修人员的考试工作。

三、符合维修工作实际的专业设置

为适应各类机动车维修需要，日本国土交通省采用按车型划分维修专业的方法，细化专业技能，将机动车维修技能按车辆类型划分为大型、小型和两轮机动车 3 个系列：

（一）大型机动车维修专业。大型机动车是指总质量超过 8 吨或载重质量超过 2 吨，载客 11 人以上的车辆。其维修专业分为 2 类：

1. 大型普通机动车维修技师；

2. 大型特种车辆维修技师。

（二）小型机动车维修专业。小型机动车维修专业分为以下 6 类：

1. 小型普通机动车维修技师；

2. 小型四轮车（配备小型汽油发动机的汽车，下同）维修技师；

3. 小型三轮车维修技师；

4. 微型四轮车维修技师；

5. 微型三轮车维修技师；

6. 小体积专用车维修技师。

（三）两轮机动车维修专业。两轮机动车维修专业分为 2 类：

1. 两轮普通机动车维修技师；

2. 两轮微型和小型机动车维修技师。

每种类型车辆的维修专业又细分为：汽油发动机维修技师、柴油发动机维修技师、底盘维修技师、机械维修技师、电路电器维修技师、车身维修技师、轮胎维修技师等若干个专业。

四、符合个人职业生涯发展的等级设置

（一）等级设置由低到高，逐步完善

为了适用于不同教育程度、不同工作经历的人员，日本的机动车维修人员职业资格的等级由低到高，设置了 3 级、2 级、1 级三个等级，3 级最低、1 级最高。1 级机动车维修技师可以承担大型汽车、小型汽车和两轮机动车的维修；2 级机动车维修技师可以独立承担某类汽车底盘、发动机、电器电路等总成部分维修；而 3 级汽车修理技术员则只能做车辆某个部件的基本维修（3 个等级的人员申请条件见表 1）。

表 1　日本机动车维修人员职业资格等级设置表

等级	专业情况	学历	工作经验
1 级	—	由 2 级晋升，无学历要求	2 级合格后，从事机动车维修 3 年以上
		机动车维修 1 级测试课程学习合格	不作要求
2 级	普通教育	中学、中专、大专、本科等	3 级合格后，从事机动车维修 3 年以上
	汽车或机械专业	中专	3 级合格后，从事机动车维修 2 年以上
		机动车维修专门学校（3 级课程）	
		大专	3 级合格后，从事机动车维修 18 个月以上
		5 年制本科	

续上表

等级	专业情况	学历	工作经验
2 级	汽车或机械专业	2 年制机动车维修职业培训学校	3 级合格后，从事机动车维修 1 年以上
		2 年制机动车维修专门学校	3 级合格后，工作经历不作要求
		经认可的大学	
		机械工程类职业大学	
3 级	普通教育	中学、中专、大专等	从事机动车维修 1 年以上
	机械类	中专、大专	从事机动车维修半年以上
		5 年制本科	
	汽车类	高中、大专	不作要求
		机动车维修专门学校（2、3 级课程）	

（二）强调基础能力和工作经验

从表 1 不难看出，日本的机动车维修人员职业资格等级设置有两个特点：一是强调基础能力，坚持循序渐进，由最低级别向高级别过渡；二是强调实际工作经验。没有机动车维修工作经历的机械类专业的毕业生，也必须具有 6 个月以上的机动车维修实践经验才能参加最低等级的测试。当申请人通过一种车型或几种车型有关专业考试后，就可以成为某一车型或某几种车型的维修专家或高级顾问等。

五、培训教育强调知识和实践的密切结合

日本将机动车维修教育培训纳入国民教育和职业教育体系。国土交通大臣认定了 8 所大学、12 所短期大学和数百个教育培训机构开设的机动车维修技师（自动车整备士）培训课程，其中 1 级机动

车维修技师专业学制为 4～5 年，2 级机动车维修技师专业学制为 2 年，3 级机动车维修技术员专业学制为 1 年，短期培训班课程不少于 6 个月。教学和培训采用知识培训与实际操作相结合的方法，使学员在实践中加深对知识理解，从而提高实际操作技能。

六、科学的知识和实际能力考试

科学、公正的考试是选拔和评价人才的得力工具。日本国土交通省为了科学评价机动车维修人才，吸取和消化国际上先进的做法（如美国的 ASE 认证方法、德国的双元制教育方法等），总结了一套行之有效的机动车维修人员考试办法。机动车维修人员评价采用笔试和实操考试相结合的方法，考试的内容根据申请的专业和等级确定。以将于 2010 年 8 月 4 日—9 月举办的日本全国机动车维修人员考试 2 级汽油车技师专业考试内容（表 2）为例，可见他们在考试中十分重视实际能力测试。

表 2　日本全国机动车维修人员考试 2 级汽油车技师专业考试内容

车种	车型	笔试内容	实际测试内容
汽油车	普通汽油车、四轮小汽油车、小三轮汽油车、四轮微型车、三轮微型车	1. 车辆结构，功能及故障处理的一般知识； 2. 车辆进厂检查和修理、调整后的检测方法； 3. 测试设备、测量仪器、工具的功能和使用的一般知识； 4. 维修材料、燃油的性质的知识； 5. 机械识图基础知识； 6. 车辆维修的法律和安全标准	1. 基本工具的使用； 2. 拆卸、组装、检查和测试的协调完成； 3. 一般故障的修理； 4. 测试设备、测量仪器、工具的维护和管理

目前，日本国土交通省在全国 60 多个县、市交通（运输）局都设有机动车维修技术人员评价机构，且有 60 多个汽车服务促进会协助做好维修理论和实操考试工作，以确保考试的公平、公正和

科学。

经相关等级笔试和实际能力测试合格的应试人员，由政府颁发给《机动车维修技师认定证书》、臂章（见附件），经营者可在广告或在业务接待室等明显位置公示取得职业资格的人员名单及其专长。

七、严格的注册、继续教育和从业管理制度

在日本，取得机动车维修人员职业资格认证的人员必须按照国土交通省的要求，每 5 年参加一次注册考试，考试合格后，且职业道德、经营行为没有严重问题，才能继续从事机动车维修经营。

八、考核认证收费

日本的机动车维修人员考试按科目收费，每科收费 21000 日元（约人民币 1540 元），每个证书收费 3150 日元（约人民币 230 元），每个臂章收费 2100 日元（约人民币 150 元）。

附件：证书、臂章和公告牌

机动车维修技师认定证书

机动车维修技师臂章

公告牌

（本文发表于 2010 年第 9 期《职业资格研究动态》）

美国注册物流师职业资格证书（CTL）简介

交通专业人员资格评价中心水运职业资格处　叶宇海　刘学

物流是将货物的运输、储存、装卸、搬运、包装、流通加工、配送、信息处理等基本功能根据实际需要实施有机结合的活动。注册物流师是一个新兴的职业资格。由物流师计划、组织、指挥、协调、控制和监督，使各项物流活动实现最佳的协调与配合，以降低物流成本，提高物流效率和经济效益。为了促进物流行业的规范发展，提高从业人员的专业素质，美国运输与物流协会（AST&L）推出了运输与物流职业资格证书——美国注册物流师（CTL）。

一、美国运输与物流协会简介

美国运输与物流协会（AST&L）成立于1946年，总部设在华盛顿。作为美国最早开设运输与物流培训和认证的专业机构，AST&L旨在确保和推广运输、物流和供应链管理领域的高标准职业化教育，其使命是推动运输、物流和供应链管理相关领域的教育和认证。

AST&L的会员包括运输商、承运商、教育机构、咨询机构、第三方物流服务提供商、咨询师和学生会员等。目前，约有超过2000名AST&L会员活跃在全球各地。北美会员遍布美国和加拿大，其国际会员占了会员总数的近一成，其主要集中在中国，这与该协会近年来推进其亚洲战略密不可分。为了扩大在中国的教育和培训职能，加强中美企业和高校的合作机会，协会于2007年1月在北京设立了办事处，负责其在中国和亚太地区的事务。

该协会于1948年推出了"运输与物流职业资格证书"（Certification in Transportation and Logistics）——美国注册物流师高级认证，目前这一证书已得到了全球业界的广泛认可。此后，该协会又陆续推出了"全球物流经理人资格证书"（GLM）——国际物流管理中级认证；"国际物流技术员资格证书"（GLA）——初级认证；"物流和供应链管理职业资格证书"（PLS），以及危险品物流、冷链物流专题培训等。

二、运输与物流职业资格证书（CTL）概况

运输与物流职业资格证书是美国运输与物流协会的核心认证工作，考生需要参加职业资格考试来获得该证书。经协会确认，有相关专业或学历背景的考生，可申请豁免相关科目的考试。考试课程及试卷由该协会教育专家组成的考试委员会确定。

（一）考生报考资格及合格要求

考生需要具备本科学士学位或者拥有三年以上专业工作经验。考生首先注册成为该协会会员，并报考四门必修和两门选修科目，且成绩都达到百分之七十及其以上的分数评为考试合格。协会规定评测时间最长为五年，即通过第一门考试科目的日期或收到豁免第一门科目的日期开始计算，五年内参加所有考试并合格的考生即可获得该职业资格证书。

（二）专业资格考试科目

专业资格考试必修科目有四个科目：

一般管理原理与技术——该学科涉及会计、金融、市场营销和信息系统四个关键知识领域，要求考生通过学习将所学四个领域的

知识运用到运输与物流管理中。

运输经济与管理——该学科重点强调三个方面：一是运输中的需求原则、成本原则、定价原则的应用；二是多种模式运输的运营、服务、经济特点；三是运输中的管理问题。

物流管理——"物流是为满足客户需求而对产品、服务及相关信息从起始点到消费地的整个供应链前向流程和反向流程进行的有效计划、管理和控制过程"（美国供应链管理专业人士协会），本学科从不同角度阐述了该定义。

国际运输与物流——该学科主要考查和检验学员是否熟悉国际货运和客运中所需的物流过程、运输模式，以及了解当前在全球环境中出现的物流问题。

专业资格考试选修科目有四个科目，考生可以在其中任选两门：

创造领域学——当前形势要求运输与物流专业人士之间加强交流与沟通。该领域的复杂性、电子信息系统的发展、技术创新、不同管理结构和风格的发展等因素决定了沟通技巧必须具备创造性。考生需要独立完成一篇论文，篇幅在 3 千到 5 千字左右，围绕交通、运输物流或配送管理的某一具体方面展开论述。

物流分析——该学科重点在于培养物流分析技能及其在运输、物流和供应链管理中的应用。主要包括产品、服务和相关信息的配送与提供。

供应链管理学——"供应链管理是对于原材料供应商和终端用户间在提供产品、服务、信息时所涉及的能够有助于客户和其他利益相关者价值提升的核心商业流程的整合（全球供应链论坛）"。本学科阐述了供应链所包含的核心流程，以及在商业合作过程中能被管理层用来提升价值和获得竞争优势的策略。

物流与供应链管理的战略——该学科包括以下内容：供应链概

念；在供应链管理中帮助企业获得竞争优势的方法；提高供应链绩效和效率的手段；相互关联的作业和相互关联的企业对于供应链整体绩效和行为的影响，衡量供应链绩效的方法；供应链管理策略；供应链中的不同库存管理方法；理解供应链作业管理过程中的平衡与协调，供应链管理过程中的问题；物流管理的作用及其对供应链绩效的影响。

（三）专业资格考试形式

美国运输与物流协会（AST&L）颁布各个科目的学习纲要，该纲要包括由专家组成的考试委员会小组精选所得的学习材料。考试在网上进行，题目形式包括选择题、简答题（例如定义解释）、文章类阅读理解题（例如对各种问题的讨论或某些假设问题的处理）。所有考试必须在监考人监督下进行。

三、美国注册物流师职业资格认证发展情况

美国注册物流师（CTL）认证考试是美国运输与物流协会的工作重心。CTL 培训认证始于 1948 年，是美国历史最悠久而且最受推崇的运输和物流行业认证，现已成为运输和物流管理最权威的行业标准。

经过 60 多年的发展，CTL 认证已得到了各国物流专家的广泛认可。CTL 认证一直受到美国政府、企业和教育机构的大力支持，并不断革新。物流业的不断发展也使美国成为当今世界上物流业最发达的国家。

考生考试合格后将被授予"美国注册物流师"职业认证证书。此证书在全球范围内，同会计、保险、医疗、法律等行业的职业资格认证一样。随着 AST&L 国际会员项目的推广，越来越多的包括来

自澳大利亚、巴西、加拿大、中国、德国、韩国、新加坡、荷兰和英国等国家的全球物流人士加入了 AST&L。

（本文发表于 2010 年第 10 期《职业资格研究动态》）

日本国际物流管理师简介

交通专业人员资格评价中心水运职业资格处　刘学

日本是物流大国，物流的影响无处不在，大到现代制造业和流通业的行业发展，小到城市运行和管理的细枝末节，物流已渗透到日本经济社会的各个角落。为满足物流行业对本行业从业人员的需求，促进物流行业的健康发展，受日本政府委托，日本物流学会（JILS）推出了日本国际物流管理师（International Logistics Master，ILM）培训考试项目。该项目为国际物流从业人员开设综合系统的培训课程，通过企业实例研究、现场参观学习、不同职业间的小组讨论等多种形式，提供从业所必需的专业技术与管理知识。

一、考生报名资格及获证要求

考生须是从事国际物流相关业务、有两年以上工作经验的人员，通常是从事国际物流管理的骨干或负责人。考生须接受为期20天的国际物流管理师的集中培训，且须在培训第一科目开始后的两年内通过所有科目的考试。

根据日本物流学会的规定，国际物流管理师资格由国际物流管理师专门委员会按照资格认定程序，依据培训出勤率及笔试成绩的结果进行授予认定。考生最后分数为笔试分数扣除缺席分数，得分70分以上者可获得证书。其中笔试分数为6次学术报告及1次客观测验的平均分数，要求得分都在70分以上（百分制）；缺席分数按缺席1天扣1分、半天扣0.5分计算。

二、考试内容科目

专业资格的考试科目分为9个单元：

（一）国际物流与全球物流，内容包括：国际物流概论、全球物流战略。

（二）进出口业务，内容包括：进出口与国际贸易法、出口装箱环境、特殊货物（危险品）概论、通关业务和保税手续、依据汇率和货物票据进行贷款结算、国际金融、解读信用证（L/C）。

（三）海上运输，内容包括：海上运输概论、海上货物运输与国际航运现状、海上特殊货物运送契约、海运单（SEA WAY BILL）、联合运送单证、港口货物单证、港口货物税务业务。

（四）航空运输，内容包括：航空运输概论、国际航空运输现状、航空运输税务、航空运输单证、货物到港业务。

（五）国际物流保险，内容包括：国际物流事故防止与对策、对外贸易保险条款解说、国际货运保险条款解说、国际物流保险手续。

（六）第三方物流，内容包括：第三方物流（3PL）概论、第三方物流企业概况、第三方物流企业实例。

（七）世界物流的最新发展，内容包括：中国物流行业最新发展情况、英国物流行业最新发展情况、东南亚物流行业最新发展情况、欧盟物流行业最新发展情况。

（八）物流界领先企业行情，内容包括：日本物流通关现状及最新动向、领先企业的物流实施境况、国际物流标准。

（九）客观测验，内容包括：实地见习、理论科目报告、笔试测验。

（本文发表于2010年第11期《职业资格研究动态》）

英国道路运输经理人考试制度简介

交通专业人员资格评价中心公路职业资格处　李迪斯

英国道路运输经理人的职责依照所供职公司或机构的大小而有所不同，一般包括：联络供应商，安排运送线路和时间表，管理团队，协调员工培训，安排车辆维护、检测和税费支出，组织车辆更换。道路运输经理人必须确保企业所有经营活动遵守英国和欧盟车辆安全，节能减排，驾车时间，关税，以及食品、牲畜与危险品运输等方面的法律法规。

在英国，道路运输从业人员要成为道路运输经理人必须持有相关的资格证书或者能够证明其具有与该职业相符的经验水平。目前针对道路运输经理人的主要资格认证是英国运输部授权牛津、剑桥和皇家艺术协会考试委员会（Oxford Cambridge and RSA Examinations Board，以下简称考试委员会）组织的国内、国际道路运输经理人职业能力认证考试（Certificate of Professional Competence，简称CPC）。

一、牛津、剑桥和皇家艺术协会考试委员会简介

考试委员会是剑桥考试委员会（Cambridge Assessment）的三大分支机构之一，是欧洲最大的考试机构，也是世界一流的教育认证机构之一。它在过去的150年中不断开发并升级了各种资格证书。目前主要在英联邦提供考试和评估服务，包括普通中等教育证书（GCSE）、证书进修课程（AS）、英国大学入学考试课程（A-Level）

以及以前由皇家艺术协会考试委员会（Royal Society of Arts Examination Board）所提供的资格培训等。

二、道路运输经理人职业能力认证考试概况

该资格认证按照《1995 年货运车辆（经理人资格授予）经营资格法案》中的相关要求设置，用以评定道路运输经理人申请人的职业能力。考试大纲主要依照欧盟 1998 年 76 号令附则 1 中对道路运输工作管理所需的知识水平和实际能力而设定。

（一）考试结构

道路运输经理人职业能力认证考试分为 4 类：国内道路货运经理人职业能力认证、国际道路货运经理人职业能力认证、国内道路客运经理人职业能力认证和国际道路客运经理人职业能力认证。该认证等级为英国资格与课程委员会的职业资格证书 3 级（NVQ Level 3）。要获得相应类别的职业能力认证就必须通过规定的模块考试。国内道路客运、货运经理人职业能力认证主要由 3 个模块组成，国际道路客运、货运经理人职业能力认证另含 1 个附加模块，总计有 7 个模块。

国内道路货运经理人职业能力认证需通过模块 1、2、4 的考试才可获得；国际道路货运经理人职业能力认证除须通过上述 3 个模块的考试以外，还需加试模块 6。国内道路客运经理人职业能力认的证获取需通过模块 1、3、5 的考试；国际道路运输客运经理人职业能力认证则需通过模块 1、3、5、7 的考试。

（二）考试内容

道路运输经理人职业能力认证采用模块化的学习和考试结构。以国内、国际道路货运经理人职业能力考试为例：模块 1 主要让考

生了解道路运输业务的相关法律和商业背景，主要包括：法律构架、商业与公司法、劳资关系、健康与安全、财务管理技术、常规保险、企业商务管理、市场营销、车辆维护、环境管理和纳税等。

模块 2 主要让考生了解国内道路运输业务，如经营许可、车辆纳税、运输合同、电子数据、车辆规格及载重、货物的安全载重和运输、电镀与检测、规章解读与效用、照明设备检测、路边检测、行驶时间与记录、驾驶执照、限速条例、基本交通规则、事故处理、车辆与货物保险等。

模块 4 主要让考生具备管理国内道路运输业务的相关知识，主要包括：营业执照、驾驶时间与记录、技术维护计划、车辆成本核算、商业与公司法、健康与安全、财务管理、车辆规格及载重、货物的安全载重和运输、驾照发放、事故处理、保险、人事管理、机构图表、工作计划和车辆选购等。

模块 6 主要让考生掌握管理国际道路运输业务方面的知识，为国际货运考试加试模块。主要涉及：运输合同、驾驶时间和记录、财务税收、财务管理、国际货运成本核算、车辆与货物保险、货品计价、营业执照、道路通行证与税则、运营方式、海关文件、国境细则、车辆规格、国际运输文件、进出口手续。

国内、国际道路客运考试所包含的模块内容大体与国内、国际道路货运考试相对应，在此不再赘述。

（三）考试形式及合格要求

模块 1 由 30 道多项选择题组成，考试时间 45 分钟，答对 70% 以上通过。模块 2 和模块 3 均由 40 道多项选择题组成，考试时间 60 分钟，答对 70% 以上通过。模块 4 和模块 5 均由 8 道问答题组成，题目主要基于个案研究或者虚构的运输企业的方案，考试时间 120 分钟，考生在 4 个关键题的正确率达到 65% 方能通过考试。模块 6

和模块 7 是个案研究题，围绕 1 个案例提出 10 ~ 12 个问题，要求考生每题回答控制在 2 ~ 3 句话以内，在 60 分钟内完成，答题正确率达到 60% 方能通过考试。

考试委员会每年组织 4 次统一考试，分别安排在 3 月、6 月、9 月和 12 月（国际客运模块 7 考试安排在每年的 6 月和 12 月）。考生在通过每个模块考试后都会收到相关凭证。一旦通过了相应认证的所有模块考试，考生就可以获得对应的职业能力认证。

三、考试豁免

在英国境内从业的道路运输经理人拥有以下资格之一则可以免去职业能力认证考试：获得皇家艺术协会 1984 年 5 月以前的道路旅客运输经理人认证、通过皇家物流与运输协会道路旅客运输经理人考试或者书面合格鉴定的该协会会员（需出示协会授予的豁免证书）、道路运输工程师协会的准会员（需通过协会考试）、皇家物流与运输协会的客运协调认证持有者（需要出示豁免证书）。

四、启示与建议

英国实施的有关道路运输经理人职业能力认证考试制度对我们有以下 3 个方面的启示：

一是采取更加科学的模块化考试结构。模块化的考试结构打破了传统的以科目为单位进行的职业资格考试模式，这种模块化考试更加注重理论知识和能力的相互结合，在考察知识的同时也考察了对于知识的实际运用能力，确保通过考试的考生具有合格的职业能力。

二是实施职业资格与学历教育的互认政策。英国的这种职业资格教育与学历教育的协同模式让更多的年轻人在参加职业资格教育的同时可以拿到相应的学历，改变了原来传统的教育制度脱离生产实际、只崇尚学历文凭而轻视职业教育和培训的倾向，也改变了由于劳动者和技术人才素质不高而严重影响经济发展的状况。

三是对拥有其他资格人员的考试豁免。在英国道路运输经理人可以通过获得职业能力认证证书证明其职业能力，同时也认可其他证明其经验水平符合职业能力要求的方式。这是职业资格制度的一种新思路，让从业经验丰富人员能够在相关职业能力上获得认可。

（本文发表于 2010 年第 15 期《职业资格研究动态》）

美国职业信息网络介绍

交通专业人员资格评价中心信息与研究处　尹俊涛

美国职业信息网络（O＊NET-Occupational Information Network）是美国最主要的国家职业信息资源，主要包括职业数据库和相关应用系统，免费向公众提供职业信息服务。美国职业信息网络由美国劳工部、就业和培训管理局资助，北卡罗来纳州就业安全委员会开发。

一、职业数据库

美国职业信息网络的职业数据库分两个层次，一是针对所有职业的 O＊NET-SOC 职业分类（O＊NET-SOC Taxonomy），二是针对单个职业的内容模型（Content Model）。

O＊NET-SOC 职业分类根据美国职业分类标准（Standard Occupational Classification）组织职业分类，定义了所有职业的体系。目前 O＊NET 职业分类包括已有或将有的职业 965 个。

内容模型定义了单个职业的信息结构，包含了职业所需知识、技能和能力，以及需要完成的工作任务及活动。内容模型为分层结构，第一层有 6 个方面内容，描述了职业的日常工作、资格要求、从业人员兴趣等。内容模型通过标准化描述词（descriptors）定义职业的关键特征，目前描述词有 277 个。

职业数据库的数据来自真实的职业数据，职业分析人员设计数据采集表单，由在职从业人员和职业专家填写数据，经处理后形成新版职业数据库。美国职业信息网络定期更新职业数据库，最近一次更新在 2009 年。

二、应用系统

O＊NET 网（O＊NET OnLine）是一个功能全面的应用系统，用户可以通过定制职业报告获得某个指定主题的所有职业概述和每个职业详细信息，可以通过关键词查询特定职业，浏览整个 O＊NET－SOC 职业分类，使用内容模型的描述词查询不同职业，通过技能查询了解就业要求，转换其他职业分类为 O＊NET－SOC 职业分类。

职业咨询工具（Career Exploration Tools）是一个专业的职业评估工具，学生或从业人员可以根据自身的兴趣、工作价值观和能力，寻找自己的就业方向。这个计算机化的评估工具及相关材料可以免费下载后直接使用，也可以下载后打印成纸质版本的文件使用。职业咨询工具的功能包括：能力分析（Ability Profiler）、兴趣分析（Interest Profiler）、计算机兴趣分析（Computerized Interest Profiler）、就业咨询（Work Importance Locator）、就业分析（Work Importance Profiler）。

三、用户

美国职业信息网络有不同的用户，就业辅导人员、学生、人力资源管理人员、研究人员、开发人员等都可以从美国职业信息网络获得需要的职业信息。

（本文发表于 2010 年第 16 期《职业资格研究动态》）

美国交通运输绿色职业初探

交通专业人员资格评价中心信息与研究处　周叶飞

当今世界，发展绿色经济已经成为一个重要趋势。许多国家和国际组织越来越关注绿色经济理念下的绿色工作和职业。绿色工作的理念已经成为具有可持续发展特性的经济和社会的一个标志。联合国环境规划署出版的《绿色工作》报告提出，绿色工作可以帮助人类解决 21 世纪所面临的两大挑战：一是防止危险的、潜在而又不可控的气候变化发生，保护人类赖以生存的自然环境；二是为人们提供体面的工作，从而在全球人口快速增长的背景下，实现人类自身的发展和尊严，改变目前全球尚有 1 亿人口不能从经济和社会发展中受益的状况。这两大挑战紧密联系，不可能分开解决，而绿色工作则是同时解决这两个问题的关键。

一、美国绿色职业分类

美国在绿色职业的研究上走在了世界前列。美国职业信息网（O＊NET）已经标明了其职业分类中所有涉及绿色职业概念的职业，并支持以绿色职业为关键词的查询。

美国职业信息网将绿色职业分为需求增长绿色职业（Green In-creased Demand Occupation）、提升技能绿色职业（Green Enhanced Skills Occupation）和新兴绿色职业（Green New & Emerging Occupation）三个类别。

需求增长绿色职业是指随着行业绿色经济活动和科技的发展而

需求量增加的职业。提升技能绿色职业是指行业内现有的，但根据行业绿色经济和科技发展应增加绿色工作内容或工作技能的职业。新兴绿色职业是指绿色经济活动和科技发展带来的完全不同于原有职业内容的职业或工种。

美国职业信息网定义的涉及绿色职业的领域包括以下 12 个：可再生能源，运输，节能，绿色建筑，能源贸易，碳捕获和存储，研究、设计和咨询服务，环境保护，农林业，制造业，废品回收再利用，政府和宏观调控管理。

二、美国交通运输行业的绿色职业

（一）运输领域

美国职业信息网归类的运输领域绿色职业有 25 个，其中需求增长绿色职业 6 个、提升技能绿色职业 8 个，新兴绿色职业 11 个，见下表。

美国职业信息网运输领域绿色职业一览表

序号	类别	职业
1	需求增长绿色职业	公共交通、城际客运驾驶员 Bus Drivers, Transit and Intercity
2		客货运调度员（警车、消防车、救护车除外）Dispatchers, Except Police, Fire, and Ambulance
3		工业用卡车和拖拉机驾驶员 Industrial Truck and Tractor Operators
4		火车机车工程师 Locomotive Engineers
5		铁轨铺设及养护设备操作工 Rail-Track Laying and Maintenance Equipment Operators
6		列车长、调车场场长 Railroad Conductors and Yardmasters

续上表

序号	类别	职业
7	提升技能绿色职业	航空工程师 Aerospace Engineers
8		专项汽车技师 Automotive Specialty Technicians
9		电子工程师（计算机除外）Electronics Engineers, Except Computer
10		机械工程师 Mechanical Engineers
11		航运接待、服务人员 Shipping, Receiving, and Traffic Clerks
12		运输经理人 Transportation Managers
13		运输车辆、设备和系统检验员（航空除外）Transportation Vehicle, Equipment and Systems Inspectors, Except Aviation
14		货运驾驶员 Truck Drivers, Heavy and Tractor-Trailer
15	新兴绿色职业	汽车工程技师 Automotive Engineering Technicians
16		汽车工程师 Automotive Engineers
17		货运代理 Freight Forwarders
18		燃料电池工程师 Fuel Cell Engineers
19		燃料电池技师 Fuel Cell Technicians
20		物流分析师 Logistics Analysts
21		物流工程师 Logistics Engineers
22		物流经理人 Logistics Managers
23		供应链经理人 Supply Chain Managers
24		运输工程师 Transportation Engineers
25		运输规划师 Transportation Planners

《绿色工作》报告称世界各国都在努力减少汽车所带来的碳排放，公共交通系统的职业多为需求增长类绿色职业，能够降低温室气体排放，并且还能够创造更多的绿色工作机会。世界范围内的公共交通还会新增数百万个绿色工作机会，仅在欧盟和美国，就有130万人在公共交通部门就职。

（二）交通基础设施建设领域

美国职业信息网没有将交通基础设施建设领域相关职业直接列出，而是散列在绿色建筑，研究、设计和咨询服务等领域的有关职业（如土木工程师、结构工程师、建造师等）内，并将以上职业纳入了增长技能绿色职业范畴。

美国交通基础设施建设领域，特别是公路基础设施建设领域十分重视环境友好和野生动植物生态保护，因此对相关职业的绿色要求也主要体现在增加该职业在环境保护和野生动植物保护方面的知识和要求。

（本文发表于 2010 年第 17 期《职业资格研究动态》）

加拿大水路危险货物运输从业人员
培训规定简介

交通专业人员资格评价中心水运职业资格处　叶宇海　刘学

当前，在国际危险货物运输规则框架下，世界主要发达国家大多以联合国《关于危险货物运输的建议书　规章范本》（以下简称《规章范本》）等国际性规则为基础，建立了本国国内危险货物运输规则体系。其中加拿大在这方面法规完善齐备，道路、水路等多种运输方式领域都有详细规定，形成了较为科学完善的危险货物运输规则体系，值得参考和借鉴。下面主要对加拿大水路危险货物运输从业人员培训有关规定作简要介绍。

一、基本概述

加拿大在水路运输方面，目前已制定并形成了基本完备的法律体系，包括《航运法》、《港口法》、《集装箱运输法》、《危险货物运输法》、《沿海贸易法》、《引航法》、《劳动法》以及《北冰洋防污染法》。在危险货物运输方面，加拿大先后颁布了《危险货物运输法》和《危险货物运输规则》，以及《散装危险货物规则》、《危险化学品和有毒物质规则》、《防止油类污染规则》、《污染物规则》、《污染物倾倒报告规则》等规定，形成了比较完善的法规体系。其中《危险货物运输规则》（以下简称《规则》）引入了联合国《规章范本》及《国际海运危险货物规则》的主要内容，规定了政府以及从事危险货物生产、包装、储存和运输等各方的责任和义务，要求相关从业人员须经过培训，做到持证上岗。

二、主要内容

《规则》规定了危险货物运输人员须经过专门的危险货物运输安全操作等内容的培训，考核合格后方可上岗。港口危险货物作业人员分为四类，即操作员、检查员、技术指导员和管理员。培训的开展方式为授课和工作实践相结合，接受培训的人员需具备 8 周的工作实践经历才能获得上岗资格。从事培训的机构须经政府主管部门认定，经认定的培训机构方可与相关企业签订培训协议，负责其员工的培训。

《规则》规定所有从业人员都需要接受基础知识的培训，并接受与其岗位相符的专项技能培训。培训内容分为四部分：一是危险货物基础知识，包括分类、标识、存储和紧急救援等，面向所有从业人员。二是危险货物的处理，包括起重机等设备安全操作规程、装载危险货物技术要求等，主要针对危险货物作业人员。三是危险货物的提运，包括运输单证文件和紧急预案等，培训人员包括调度员、发货人和代理人等。四是危险货物的运载，包括危险货物积载知识、危险货物安全操作监督检查等，面向船舶或港口与危险货物相关的人员。

《规则》明确由培训机构负责向完成培训的人员发放培训证明，其中载明所接受的具体培训项目。培训证书有效期为 3 年。规定从业人员每两年需要接受短期培训，进行知识更新，特别是对于所持证书载明的项目相关的规则、规定有修订或修改的，持证人必须接受新的培训，证书方可继续有效。

三、有关启示

当前，我国正处于危险货物运输快速发展的时期，其中水路危险货物的运量逐年上升，危险货物的种类也日益复杂，作业的安全技术要求不断提高。但目前水路危险货物从业人员，特别是一线操作人员普遍存在学历较低、业务素质不高、人员流动快等问题，开展的培训往往是短期的，其有效性、规范性不强。因此，对水路危险货物作业人员培训工作进行规范迫在眉睫。加拿大危险货物运输的法规体系完备健全，管理职责明确到位，培训工作科学规范。我们可以借鉴其管理理念和模式，健全完善法律法规，强化安全管理，规范培训工作，不断提高水路危险货物运输从业人员的职业素质和能力，促进水路运输行业健康科学发展。

（本文发表于 2010 年第 19 期《职业资格研究动态》）

美国国家标准职业描述和分析简介及启示

交通运输部职业资格中心人才评价研究处　黄磊

美国职业信息网站（简称 O＊NET），是全美最大的职业信息数据库，其中美国国家标准职业描述和分析的研究成果已得到了国内外广泛认可，对引导全美职业教育、职业技能鉴定和职业培训起着十分重要的作用。

一、美国标准职业描述和分析简介

在美国劳动部公布的标准职业分类系统中，目前已有 1102 个标准职业，其中 965 个职业有详细的职业描述和职业分析，其信息全部对公众开放。

在该系统中，每个职业的描述包括：职业定义、工作任务、知识、技能与工作能力、所需工具、职业具体活动、工作内容、素质、工作价值、职业兴趣、工作风格、职业前景、薪水水平、所需教育水平与培训等。

这些职业描述作用明显。首先，它对制定职业标准和开展职业教育及培训具有较大的借鉴意义；其次，通过这些职业描述，可全面了解美国劳动力市场对不同劳动者的要求；再次，可以为毕业生的职业选择、学院的专业设置与课程开发、职业技能鉴定及培训等方面，提供一个重要的参考依据；最后，可以在企业制定岗位职业规范、组织培训、开展人员招聘方面，提供一个参考文本。

在职业分析中，按照重要程度，对职业的工作任务、所需知识、技能、能力等要求进行排序、分析，通过对职业要求的重要性分析，职业院校、受教育者、考评机构就能够明确教学内容、掌握培训或考核的重点，从而可以更合理地设立职业资格制度，更科学地开展考评和培训。

二、美国标准职业描述和分析的启示

（一）美国标准职业分类系统，以职业活动为导向，以职业技能为核心，职业分析详细，对职业教育、职业技能鉴定、职业培训均具有很强的导向作用。

在职业标准开发与修订方面，应该采用先进的职业科学理论，以便更好地指导人力资源开发；在职业教育方面，职业院校可参考系统中的详细数据，了解新技术发展对社会职业人才各方面的需求，并进行细致的工作任务分析，制定科学有效的人才培养方案；在职业技能鉴定与培训方面，可以将美国标准职业分类系统作为职业技能鉴定的标准参照和职业培训的基础，开展具有标准参照性质的职业技能鉴定，建立覆盖面广、针对性强的职业培训内容体系。

（二）美国标准职业分类系统中的职业要求，除了包括必要的专业知识、专业技能以外，也十分强调非专业知识、技能与能力，以及个人素质和人格素养，这充分反映出了现代社会职业对劳动者表面和深层的要求。

有了这些非专业能力的要求，劳动者们就可在满足必要专业要求的前提下，针对个人的爱好、兴趣和性格选择职业，并在工作中培养这方面能力。这有益于从业者的职业生涯发展。如在美国，一些职业学院的课程设置中有 50% 是专业课程，其他 50% 是写作、数学、历史、生物、美术、人文、社会科学等课程。对此，我们可结合中国国情，在人才培养和评价方案中，对知识、能力、素质要求加以细化，同时注重非专业能力因素的教育，进一步完善人文与社会类课程，使学生能得到全面发展，适应劳动力市场对现代技能人才的要求，同时为学生未来的职业生涯发展做准备。

综上所述，美国国家标准职业描述与分析是一个丰富的职业教育资源库，深入研究其职业分类与职业标准开发方法，有助于科学制定职业标准，有助于深入了解现代社会和劳动力市场对劳动者全面素质的要求，对于推动职业资格制度和评价体系的建立，培养选拔社会亟需、企业适用人才具有重要作用。

（本文发表于 2011 年第 8 期《职业资格研究动态》）

美国桥梁检查人员资格认证制度简介

交通运输部职业资格中心公路职业资格处　马岳

为了保障桥梁的安全运营和公众的生命财产安全，美国联邦公路管理局（FHWA）于 1996 年 1 月 1 日建立了桥梁检查人员资格认证制度。桥梁检查人员主要负责公路桥梁的定期检查并对桥梁情况进行分析评价，其资格认证制度对于我国研究建立桥梁养护工程师职业资格制度具有借鉴意义。

一、资格设立

桥梁检查人员资格认证工作由美国国家工程技术认证研究所认证中心（National Institute for Certification in Engineering Technologies，以下简称 NICET）组织，分 4 个级别，分别是 Ⅰ级——技术员（TT）；Ⅱ级——副工程技术员（AET）；Ⅲ级——工程技术员（ET）；Ⅳ级——高级工程技术员（SET）。

Ⅰ级资格只需要申请人具有入门级的背景知识，参加几周的技术领域培训即可获得，通常面向入门级技术人员。Ⅱ级资格要求申请人具有较高的专业知识、工作技能和熟练的技术，通常是具备 2 年左右该行业工作经验的技术人员参加认证。Ⅲ级资格要求申请人掌握Ⅰ、Ⅱ级的工作技能，有 5 年以上的工作经验，通常是中层管理人员参加认证。Ⅳ级资格要求申请人具有涉及复杂的技术和项目所要求的监管分析能力和Ⅰ、Ⅱ、Ⅲ级工作所涵盖的技能，以及 10 年以上的工作经验，通常是高层管理人员参加认证。

二、考试组织

桥梁检查人员资格认证考试每年进行 4 次，在 NICET 委托的专业考试管理公司的考试中心举行。

考试包括两项内容，基础测试和特殊测试。基础测试的题型是单项选择题，采取纸笔、开卷考试形式。特殊测试需要在测试中心的计算机上完成，采取闭卷考试形式，题型增加了多项选择题等。考生对专业知识的掌握深度和及格分数因 4 个级别而异。考试合格人员可获得 NICET 证书和从业记录卡，姓名将被录入国家专业技术人才目录。

三、制度运行和管理

美国联邦公路管理局规定桥梁检查分为初始检查、常规检查、损害检查、深入检查、断裂危险构件检查、水下检查和特殊检查。美国联邦公路管理局 1995 年制订的《桥梁调查和评估指南》要求，每座桥长 6.1 米（20 英尺）以上的桥梁需接受 116 项检查。通常每座桥梁每 2 年接受一次状态等级检查，包括上部结构、下部结构和桥面的总体状态等级检查。状态等级分为 0 级（不允许的危险状态，必须封闭）~9 级（安全状态良好）共 10 个级别。

美国承担桥梁检查工作的桥梁检查机构包括桥梁管理分部、每个地区的桥梁管理办公室、桥梁公司三类，每座桥梁的具体检查工作则由桥梁检查机构派出的检查小组负责，日常工作主要由Ⅱ级桥梁检查人员承担，Ⅰ级桥梁检查人员协助。

根据规定，桥梁检查机构的负责人应具备以下条件：1. 是专业的工程师；2. 持有Ⅳ级桥梁检查人员职业资格证书；3. 具备 10 年（含）以上的桥梁检查人员工作经验；4. 参加了《桥梁调查和评估指南》规定的培训。

桥梁检查小组的负责人应具备以下条件：1. 具备至少 5 年的桥梁检查工作经验；2. 持有Ⅲ级或者Ⅳ级桥梁检查人员职业资格证书；3. 参加了《桥梁调查和评估指南》规定的培训。

桥梁检查工作人员应具备以下条件：1. 持有Ⅰ级或者Ⅱ级桥梁检查人员职业资格证书。2. 参加了《桥梁调查和评估指南》规定的培训。

NICET 证书的有效期为 36 个月，桥梁检查人员在证书有效期内必须完成 NICET 组织的 90 学分继续教育培训课程才能申请继续执业。同时 NICET 还建立了学习点数制度，在由低级资格向高级资格晋升时必须积累足够的学习点数。学习点数可以通过参加培训、会议、讲座，发表相关的文章著作或从事相关的工作获得。桥梁检查人员的年龄超过 55 岁时，其 NICET 资格证书将被注销。

（本文发表于 2011 年第 9 期《职业资格研究动态》）

英国出租汽车驾驶员职业资格管理及启示

交通运输部职业资格中心道路运输职业资格处　李良华

英国出租汽车已有 300 余年历史，其出租汽车可分为传统出租汽车（Hackney Carriage，HC）和私人租用汽车（Private Hire Vehicle，PHV）两类。传统出租汽车主要为扬手招车或在出租站点等候，也可接受预定；私人租用汽车只可通过预定提供服务，不允许在街上巡游载客。目前，取得传统出租汽车与私人租用汽车牌照的车辆比例为 1∶1.8（73300 辆∶132500 辆），两类出租汽车驾驶员比例也为 1∶1.8（71500 人∶128200 人）。

一、政府对两类出租汽车实行不同的管理模式

传统出租汽车普遍为个体经营，实行严格数量限制，定位为城市公共交通的重要组成部分，享有使用公交专用道等道路优先通行权。政府在街道及重要商业区域设立大量出租汽车候车站供此类出租汽车使用。出租汽车企业主要提供运输调度等服务，企业与驾驶员建立单纯的合同服务关系。

私人租用汽车没有数量限制，符合准入条件者均可申请，但私人租用汽车不享有传统出租汽车的道路优先通行权，也不允许在出租汽车候车站停靠。政府对两类出租汽车均实行运价管制，对出租汽车驾驶员实行资格准入。总体而言，私人租用汽车的准入门槛要低于传统出租汽车。

二、政府制定了出租汽车驾驶员职业资格管理政策

出租汽车管理实行地方政府负责制。目前英格兰及威尔士地区共有 335 个地方政府出租汽车管理部门。在伦敦等大城市由市政府所属机构（如伦敦运输局）负责许可及管理，中小城市通常由市政府负责各类牌照许可等综合事务部门负责，不单设专业管理机构。

出于保护公众安全目的，各地政府对出租汽车行业一直实行严格管理。早在 1838 年，伦敦即开始对出租汽车驾驶员进行资格许可。《城镇警察条款法》（TPCA 1847）、《地方政府（其他规定）法》（LGMPA 1976）和《运输法》（TA 1985）等法律详细规定了地方政府的出租汽车管理职责。在此基础上，各地政府制定适用本行政区域的传统出租汽车和私人租用汽车许可政策等综合政策，规定了出租汽车的管理依据，管理体制及运行机制，牌照数量限制，车辆、经营者和驾驶员资格管理，运价，服务收费，出租汽车候车站，投诉处理及权利义务等内容，作为出租汽车行业管理的依据。政府部门对符合技术条件的车辆核发车辆许可牌照，对符合运营要求的出租汽车企业核发经营许可牌照，对具备从业资格的出租汽车驾驶员核发资格证件。

三、政府对出租汽车驾驶员实行严格准入、动态监管和有效退出，确保从业人员素质

（一）严把考试准入关

出租汽车驾驶员关系公众安全，被政府列为应当严格监管的工作，实行强制许可制度。申请出租汽车驾驶员，必须具备以下四项条件：一是取得英国驾驶执照不少于 12 个月；二是通过体检，身体健康状况符合从业要求；三是经英国犯罪记录局（CRB）审查合格，

没有诸如暴力犯罪、强奸及性骚扰等不适于从事该职业的记录；四是通过相应的知识测试（Knowledge Test），部分城市还要求通过英国运输部驾驶标准局（DSA）的出租汽车驾驶技能测试。通过考试并参加出租汽车驾驶员权利和义务专项培训后方可取得资格证件。在上述条件中，知识测试已成为严把准入关的重要手段。如伦敦市运输局组织的知识测试，考试知识点多、考试周期长、考试难度大、考试通过率低。该考试侧重评价驾驶员的路线寻找技能，包括初步面谈、自我评估、笔试和面试等多个环节，需要掌握全市 320 条主要线路（包括任意起讫点间最佳往返路线及其附近半英里相关信息）、2.5 万条街道和 4 万个交通信息点等。申请人通过所有考试取得资格证件，大约需要 3~4 年时间。该项考试实际上已成为调控出租汽车总量的有效手段。

（二）实行严格动态监管

一是证件设立有效期。出租汽车驾驶员资格证有效期大部分为 1 年（伦敦为 3 年），有效期届满前申请换证，过期作废。换证时需提供近期照片、驾驶执照及出租汽车驾驶员资格证件，并需要对从业行为和无犯罪记录等内容进行再次审查。二是定期参加体检。出租汽车驾驶员年满 45 周岁后，需每 5 年进行一次体检，年满 65 周岁后需每年进行一次体检。三是持续接受教育。出租汽车驾驶员需要接受英国运输部驾驶标准局的安全教育，政府部门还通过开展专项运动（Campaign）等方式引导从业人员提升素质。四是联合开展市场监管。地方政府与警方联合开展监督检查，保证出租汽车服务质量。伦敦运输局共有 150 名工作人员负责出租汽车管理，执法检查主要由警察负责（设有 56 名警察专职负责出租汽车检查）。违反出租汽车规定的驾驶员将被依法处理。

（三）建立有效退出机制

英国出租汽车管理体现了"立法过程严谨、法律体系完善、权利义务明晰、信用体系共享、市场机制健全、市场各方恪守规定"的特点。政府部门间的广泛协作以及企业、社会公众的共同参与，社会信用体系比较完善，从业人员违规代价巨大。政府和警方严格执法、依法维护市场秩序，不具备从业资格条件者及时退出市场。

四、对我国出租汽车驾驶员职业资格制度的启示

（一）尽快完善出台《出租汽车驾驶员从业资格管理规定》

根据部领导"两个率先"指示精神，在政策法规司、道路运输司的指导下，经过近 2 年的调研论证，《出租汽车驾驶员从业资格管理规定》已经日趋完善。出租汽车驾驶员职业资格制度设计符合国际惯例，通过科学评价、严格准入、强化监管，有利于提高出租汽车驾驶员队伍的整体素质，保证出租汽车的服务质量和水平，促进出租汽车行业健康发展。国务院法制办现已向社会征求《出租汽车驾驶员从业资格管理规定（征求意见稿)》意见，下一阶段根据意见征求情况，配合相关司局抓紧完善，并做好舆论宣传准备工作。

（二）稳步推进出租汽车驾驶员职业资格制度建设相关基础工作

按照制度建设与基础工作同步进行的工作思路，稳步推进相关基础工作。今年 1 月审定通过了《出租汽车驾驶员从业资格考试大纲》，现已组织编写完成《出租汽车驾驶员从业资格考试公共科目培训教材（初稿)》。下一阶段要根据考试大纲和教材组织专家命制

从业资格考试试题，并做好出租汽车驾驶员职业资格管理信息化工作（包括考试、注册、继续教育和从业管理等），为制度实施提供保障。

（本文发表于 2011 年第 11 期《职业资格研究动态》）

国际货运代理师职业资格制度简介

交通运输部职业资格中心水运职业资格处　刘学

国际货运代理师职业资格制度（FIATA Diploma in Freight Forwarding）是总部设在瑞士的国际货运代理协会联合会建立的职业资格制度，主要适用于受货主的委托，以委托人或自己的名义办理国际货物运输和相关业务的人员（并不是实际承运人），与我国国际海运行业中的无船承运人相近。研究国际货运代理师职业资格制度，对建立我国国际海运领域职业资格制度具有学习和借鉴作用。

国际货运代理协会联合会总部设在瑞士苏黎世，是国际货运代理行业中较权威的中介组织，被誉为"运输业的建筑师"，在全世界范围内具有较高的影响力。国际货运代理师职业资格证书门槛高、管理严、含金量较高，在世界货运代理行业认可度较高，美国、英国等西方国家将该证书持有者数量作为本国货运代理企业开业条件的强制性要求之一。

取得国际货运代理师职业资格证书，需通过国际货运代理协会联合会组织的资格审查、理论考试和面试。从业人员通过本国国家级货运代理类资格考试，并达到最低从业年限和培训学时要求，方可申请资格审查；理论考试分基础知识考试和专业知识考试，基础知识考试包括《国际货运代理基础知识》、《国际多式联运与现代物流理论与实务》、《国际航运代理理论与实务》；专业知识考试包括《案例分析》、《航线设计》或《货运最佳方案设计》等科目。此外，考生还须通过国际货运代理协会联合会组织的专家面试。同时，国际货运代理协会联合会对取得国际货运代理师职业资格的人员实施继续教育、职业道德评估等多项指标的年审评估，以保证持证人员自觉更新知识。

（本文发表于 2012 年第 4 期《职业资格研究动态》）

日本地铁司机职业资格制度简介

交通运输部职业资格中心公路职业资格处　马岳

日本地铁司机的行业管理和职业资格制度实施由国土交通省负责。地铁司机职业资格是国家职业资格，从业者须通过运输局组织的职业资格考试后方能从事地铁司机职业。

一、法律依据

日本《铁道运营法》第二十一条（轨道从业人员须持有相应的职业资格证书）、《轨道法》第十四条（轨道的建设、运输、运营等工作人员须具备相关职业资格）对轨道交通从业人员的从业资格提出了明确要求。依据上述法规制定的《动力车司机职业资格证书条例》（以下简称《条例》），将动力车司机职业资格的专业分为了十二个类别，其中地铁司机须取得第一类甲种或者第一类乙种证书方可从业。

二、地铁司机职业资格制度相关规定

（一）报考资格：20 周岁以上，无学历、性别限制。

（二）被禁止参加考试的人员：吊销地铁司机职业资格证书不足一年，或因身心问题不能驾驶机车的人。

（三）申请考试须提供的资料：申请表、照片、户籍、健康诊断书、可免考科目证明。资料申请要在考试的 1～2 个月之前提交。免考证明包括已获得的其他动力车司机资格证书和其他资格证书等。

（四）考试费用：16900 日元（约合人民币 1320 元）。

（五）考试时间：每年的 3 月和 9 月分别举行一次。

（六）测试内容：

1. 身体检测：颜色识别、心电图、视力、反应速度等。

2. 书面考试：法令、机车设备结构与功能两项内容。考试实行百分制，70 分合格。

3. 实操考试：包括速度观测、距离观测、制动机操作、制动机以外操作、定时运作、应急处理等内容。由各地运输局指定考试地点。

考试完毕，各地运输局发布考试合格人员公告。

（七）考试培训：培训由社会机构负责，培训时间一般为 4 个月。按照《条例》规定，申请人应接受不低于 400 学时（1 学时 50 分钟）的知识培训，不低于 400 学时的技能培训。《条例》对培训机构的硬件设施、教育资源、课程设置等都作出了明确规定。

（八）注册及继续教育：初始取得证书后 3 年内，持证人还需每年在培训机构接受不低于 24 个小时的继续教育。

（九）退出机制：各地运输局在下列情况下应停止或吊销资格证书：

1. 持证人违反《条例》或根据该《条例》发布的法律命令。

2. 经过健康检查，持证人健康条件不再符合标准。

3. 持证人危险驾驶，造成重大事故。

（本文发表于 2012 年第 6 期《职业资格研究动态》）

美国校车驾驶员从业资格制度简介
——以得克萨斯州、弗吉尼亚州、宾夕法尼亚州为例

交通运输部职业资格中心道路运输职业资格处　赵月　张鹏

在美国，学生乘坐校车的安全性远高于乘坐私家车等社会车辆。这不仅得益于校车自身设计和结构、行车环境、路线与站点设计等因素的安全性，更得益于交通主管部门对校车驾驶员实行严格的从业资格管理。

一、美国校车及校车驾驶员基本情况

美国道路运输驾驶员职业资格类别包括客车驾驶员、货车驾驶员、出租汽车和私人雇佣驾驶员等职业资格。校车驾驶员是客车驾驶员的重要组成部分。

目前，美国共有 2500 万名学生乘坐校车上下学，校车驾驶员数量将近 50 万。20 世纪 20 年代，美国发布了校车驾驶员训练手册。70 年代，美国国家公路交通安全管理局（简称 NHTSA）出台了校车驾驶员训练标准。90 年代，要求所有校车驾驶员都必须取得商业驾驶执照（简称 CDL）。为此，校车驾驶员需要通过知识测试、技能测试、酒精和毒品测试、体检及犯罪记录检查。至今，美国校车驾驶员的从业资格管理已较为系统和完善。

二、校车驾驶员从业资格制度简介

（一）条件审查

1. 基本审查

（1）年龄和驾照限制。校车驾驶员年龄须达到 18 岁，且获得相应车型的驾驶执照。

（2）体检。除了执业医师的体检证明外，宾夕法尼亚州还要求校车驾驶员必须通过精神检查。

2. 历史审查

（1）驾车历史记录。在得克萨斯州，如果驾驶员在一定年限内违犯了评估单上的指标，则会被扣分。经评估未达到一定分数，则为不合格。弗吉尼亚州则要求 2 年内不得发生 2 起以上交通违规，或被强制参加技能培训。

（2）犯罪历史记录。弗吉尼亚州要求校车驾驶员最近 5 年内未犯重罪，宾夕法尼亚州还要求校车驾驶员通过儿童猥亵历史调查。

（3）醉驾毒驾审查。弗吉尼亚州要求校车驾驶员最近 5 年无醉驾毒驾经历、未被强制戒酒。宾夕法尼亚州要求校车驾驶员开车前 8 小时不得喝酒、驾车时不得吸毒。

（4）道德审查。弗吉尼亚州要求校车驾驶员取得所居住社区或校区内两名以上有名望者的推荐信。

（二）岗前培训

1. 法律法规培训。校车驾驶员需学习联邦和所在州相关法律法规。

2. 技能培训。宾夕法尼亚州要求校车驾驶员完成至少 28 小时的培训，其中包括至少 14 小时的理论课程和 14 小时的实操训练。

3.危险应急处置。弗吉尼亚州要求校车驾驶员学习危险和紧急情况的处理、危险源辨识等知识。

4.救护知识。弗吉尼亚州学校董事会要求校车驾驶员参加过红十字会急救培训或同类培训。

（三）从业资格考试及签注

校车驾驶员接受培训后，须通过知识测试及驾驶技能测试。知识测试包括但不限于商业常识、乘客管理、校车运行及器械操作方面的知识。驾驶技能测试包括行前检查、基本机械操作技能、路测考试、学生上下车的模拟测试及穿越交叉路口测试。考试合格后，获得校车驾驶资格签注。

（四）继续教育

为保证学生安全，美国校车驾驶员上岗后要进行持续考核和继续教育。

1.对校车驾驶员的审查和培训。弗吉尼亚州要求，每学年学校向机动车辆管理部门提供该校校车驾驶员姓名、驾照编号。若校车驾驶员有违规行为，当地机动车辆管理部门都将通知校方。宾夕法尼亚州则对校车驾驶员进行跟踪培训，校车驾驶员每4年须完成至少10小时的继续教育培训，并通过校车驾驶知识测试、进行驾驶技能实操评估。

2.对培训机构工作人员进行审查。在弗吉尼亚州，校方将培训机构全体工作人员姓名、驾照编号报送机动车辆管理部门。培训机构工作人员如有交通违规行为，机动车辆管理部门同样会通知校方，若其在1年内违规超过6分，将在2年内不得对校车驾驶员进行实操培训。

三、对我国校车从业资格的启示

（一）增加申报条件，严格审查标准

根据《机动车驾驶证申领和使用规定》（公安部令第 123 号），我国要求校车驾驶员不得有犯罪记录、醉驾记录，已经较为严格。但是，我国对校车驾驶员的驾驶技能和违法违规情况要求不高，仅要求 1 年内无严重交通违法行为。可借鉴美国做法，对校车驾驶员实行更严格的历史安全记录审查，同时考虑精神审查。

（二）建立从业资格制度，严格准入机制

目前，我国尚未建立校车驾驶员从业资格制度。校车驾驶员因其服务对象的特殊性，不仅应具备高超的驾驶技能，而且对职业道德、学生群体的个性特点、应急处置等方面有更高要求。因此应建立健全校车驾驶员从业资格制度，提升校车驾驶员整体素质，严格准入条件，防患未然。应建立健全岗前培训制度，并加强对培训师资的考评，提升师资队伍素质。

（三）加强继续教育，注重实操技能

我国校车驾驶员在每个记分周期后，需参加不少于 3 小时的道路交通安全法律法规、交通安全文明驾驶、应急处置等知识学习，并接受交通事故案例警示教育，一定程度上起到了提升校车驾驶员能力的作用。相比之下，我国更加注重理论知识而非实操技能。因此，可适当增加培训时间，加大实操技能在培训中的比例。

（本文发表于 2013 年第 3 期《职业资格研究动态》）

澳大利亚职业资格制度简介

交通运输部职业资格中心公路职业资格处　沈冬柏　秦茜

一、澳大利亚职业资格制度概况

（一）澳大利亚职业资格框架

从 1995 年起，澳大利亚政府改变了由中学、职业教育院校和行业培训机构各自颁发职业资格证书的状况，逐步实施全国统一的职业资格框架。澳大利亚职业资格框架由澳大利亚政府建立并具有法律地位，涵盖了中等教育、职业教育（培训）、高等教育，明确了职业资格体系及类型，尤其明确了不同职业、不同岗位所需的任职资格，明确了严格的职业资格准入，将职业资格与社会成员的职业发展紧密联系起来。

（二）获取职业资格证书的能力要求

澳大利亚根据各行业不同岗位的要求分别制定职业能力标准，详细规定了每一岗位的胜任能力（见下表）。由于职业资格证书能够反映从业人员所具备的职业能力，所以被雇主称为"工作准备"，成为雇主聘用员工时的一个重要参考因素。

澳大利亚职业资格等级及其能力要求

证书等级	适用对象	学习时间	所具备的能力
一级	非熟练技术工人	4~6个月	从事一般的技能性的工作
二级	高级操作人员/服务工作人员	6~8个月	(1) 具备操作性知识和技能,能够运用已掌握的知识和技能来解决可预见性的问题; (2) 在一定范围内选择性地完成工作任务,通过多种途径获取知识; (3) 认真负责对待自己的工作
三级	技术工人	约12个月	(1) 掌握一定的理论知识和技能,并能够利用这些知识技能来解决一系列的问题; (2) 有一定分析判断能力及合作能力
四级	高级技术工人/监工	12~18个月	(1) 有综合理论知识,能够对不可预见的问题提出解决方案; (2) 能够在复杂的环境中应用技能; (3) 利用多种方式分析和评价信息; (4) 对自己及他人的工作质量负责
文凭证书	专业辅助人员/技术人员	12~18个月	(1) 具备扎实的综合性理论知识; (2) 具有一定分析技术和管理问题的能力; (3) 具有一定的技术创新能力; (4) 在一定的技术或管理情况下,能够运用分析、评价信息的能力,制定工作计划
高级文凭资格证书/副学士学位	专业辅助人员/初级经理人	24~36个月/24个月	(1) 具备本领域的专业知识; (2) 具有分析、判断、设计、执行等技术和管理能力; (3) 具有一定的专业技术及创新能力; (4) 在分析信息的基础上做出判断及决策; (5) 具有一定的团队合作及责任意识
职业研究生证书	高级专业人员/高级经理人	6个月	(1) 在专业技术领域内,具备计划、设计、运行及评估的能力; (2) 在管理领域内,具备独立作出重大、高水准决策的能力

续上表

证书等级	适用对象	学习时间	所具备的能力
职业研究生文凭	高级专业人员/高级经理人	12 个月	（1）在专业技术领域内，具备计划、设计、运行及评估的能力；（2）在管理领域内，具备完全独立作出高水准、复杂决策的能力

（三）澳大利亚职业资格培训制度

澳大利亚职业资格和职业教育培训是紧密联系的，培训是获取职业资格的重要环节。职业资格培训制度包括培训质量框架、培训机构认证框架和职业资格培训包。

1. 培训质量框架

培训质量框架是保证职业资格培训质量的体系，该框架明确规定了每一个职业资格的技能标准，对各职业资格的考核点和评价方式作了详细说明，对于确保澳大利亚各州培训质量标准的统一具有非常重要的作用，进而保证了职业资格证书的全国统一，既打破了地域限制，又解决了培训机构因对职业资格的理解或者培训水平不同而导致证书质量参差不齐的问题。

2. 培训机构认证框架

培训机构认证框架用于培训机构的管理和评估。澳大利亚所有培训机构，无论公立还是私立，都必须经过培训机构认证。培训机构认证框架主要从师资队伍、培训资源和条件，以及机构管理等方面进行评估，以确保培训工作的规范性和合法性。框架规定培训机构成立时要进行认证，且每年都需要向认证部门上报相关材料，每三年进行重新认证。只有通过认证才具有从事培训业务的资格，否则，将被视为非法，从而保证了培训质量。

3.培训包

培训包是澳大利亚职业资格培训的一个特色，是职业资格培训的依据，由行业开发并为行业所用。每个培训包整合了获得某一职业资格证书所需的职业能力标准，并进行了详细说明。不同等级的职业标准与不同层级岗位的职业能力要求对应，从业人员只有达到了所需职业资格的全部职业能力标准，才能获得相应证书，进而从事相关岗位的工作。

二、澳大利亚职业资格制度的特点

（一）政府重视，要求严格

澳大利亚政府规定，从事技术工作的人必须获得职业资格，即使是大学毕业生也不例外。因此，职业资格证书成为澳大利亚技术人员从业的必要条件。另外，职业培训机构必须满足国家规定的条件，由澳大利亚质量培训框架认证合格，且年审合格才能从事职业教育与培训。如此保证了培训和证书的质量，既打破了地域限制，又解决了培训机构因对职业资格的理解或者培训水平不同而导致证书质量参差不齐的问题。

（二）行业引领，模块考核

澳大利亚职业资格证书是建立在行业需求之上的，行业需求是职业能力标准和职业资格课程开发的依据，这确保了各个标准与其岗位要求相一致，有利于学习和工作相结合，有利于行业需求与职业教育培训相结合，有利于职业能力标准和资格证书相结合。澳大利亚国家职业能力标准采用模块化形式，将各个岗位所需要的就业能力分解成模块，每个模块都有明确的内涵和边界，不同模块组合构成了相应等级的职业资格。

（三）方式灵活，有效衔接

从业人员可以根据自己的实际情况选择模块，不受学习时间、地点和形式的限制。职业能力标准各个模块之间相对独立，便于从业人员自由组合模块学习，所获学分可以累积。即使因故中断学习，也可获得一份学习证明作为今后继续学习的凭证。已经学习且合格的课程在任何职业教育培训机构继续学习时都是认可的，不需要重复学习。

澳大利亚职业资格与中等教育和高等教育是相互贯通的，二级职业资格相当于高中毕业文凭。高级文凭与副学士是职业教育与培训能够提供的最高级别的资格证书，同时又是高等教育的最低起点证书，获得高级文凭与副学士者，既可以选择就业，也可以免试直接进入大学以获得学士学位。

（本文发表于 2013 年第 6 期《职业资格研究动态》）

澳大利亚公路养护人员相关职业资格
制度简介

交通运输部职业资格中心公路职业资格处　秦茜　沈冬柏

一、基本情况

澳大利亚土木建设三级职业资格（RII30912 Certificate Ⅲ in Civil Construction）适用于土木建设熟练操作工，其职责要求是"可以在不同的环境中，根据自我判断和相关理论知识来应用一系列的技能"。该项职业资格涵盖土木建设领域 7 个专业类别（沥青铺装、桥梁建设与养护、管道铺设、公路建设与养护、道路标线、隧道施工、木质桥梁施工与养护）和 1 个综合类别（土木建设类）。

二、就业技能

就业技能不仅指获得就业机会的能力，还包括在企业中提升自我潜能、持续完成工作、实现良好职业生涯发展的能力，包含沟通交流能力、团队协作能力、解决问题能力、主动性和进取心、规划和组织能力、自我管理能力、学习能力、技术应用能力等八项主要能力。

澳大利亚土木建设三级职业资格所需就业技能（见表1），是进行相应职业资格认证的依据。其中，对每项就业技能的具体要求进行了解释，且基本都是广义的行业要求，其目的是使个人和注册培训机构能够进行调整。

表1　土木建设三级职业资格就业技能

就业技能	行业及企业对职业资格的具体要求
沟通交流能力	● 表述清楚直接 ● 具有仔细聆听指示和获取信息的能力 ● 能理解并解释工作指令和安全标志 ● 能进行基本的重量、距离和体积计算 ● 能够完成事故和养护报告 ● 能够根据不同背景的人的需要调整沟通交流方式
团队协作能力	● 在一系列情境中应用团队合作，尤其是在安全方面 ● 能够通过团队合作促进施工计划的编制和贯彻实施 ● 能够和不同年龄、性别、民族、宗教及政治信仰的人共同工作 ● 能够敏锐地识别并应对不同文化和语言背景的人
解决问题能力	● 能够根据天气、场地条件的改变调整工作方法 ● 能够通过团队合作去解决安全问题
主动性和进取心	● 能够独立适应不断变化的工作环境和不同的工作领域 ● 能够识别潜在的工作实践和条件的改进 ● 能够识别并评估工作场所的风险
规划和组织能力	● 能够进行时间管理，能依据事件的优先级别顺序完成工作 ● 识别并获得适当的设备和许可 ● 能够识别潜在危险并做好适当的应对准备 ● 采用的程序和技术应与设备条件匹配，且和正在进行的工作相关
自我管理能力	● 能计划和组织好自己的工作，优先完成分配的任务 ● 监控自己的表现以确保工作按时完成 ● 了解工作场地的期望工作标准
学习能力	● 愿意学习新的工作方法 ● 能够从他人及文件（如政策、程序等）获取信息来改善工作执行情况
技术应用能力	● 能够使用技术来监测和报告工作进展情况 ● 使用适合于工作场所的通信技术（如电子邮件、移动电话、广播等）

三、职业资格条件

该项职业资格对不同专业类别有不同的职业资格需求。为获得公路建设与养护专业的职业资格，从业人员需完成25个能力单元（见表2），即7个核心单元、9个G组单元和9个可选单元组成。其中，可选单元的构成必须满足：

（一）从H组中选择至少4个单元，其中至少有2个为职业资格框架三级。

（二）全部可选单元中，至少有4个是职业资格框架三级。

（三）可有5个单元来自任意培训包的职业资格框架二、三、四级。

（四）可有3个能力单元来自一个职业资格框架二、三、四级的认证课程。

表2 土木建设三级核心能力单元

单元编码	单元名称
核心能力单元	
RIIBEF201A	计划和组织工作
RIICCM201A	执行测量和计算
RIICCM203A	读懂并能解释计划和规范
RIICOM201A	能在工作中沟通
RIIOHS201A	安全工作并遵循职业健康和安全（OHS）政策和程序
RIISAM203B	使用手动及电动工具
RIISAM204B	运营操作小型厂房和设备
A组 沥青铺装（略）	
B组 沥青铺装任选（略）	
G组 公路建设与养护	
RIICCM202A	识别、定位并进行地下保护
RIICCM205A	进行人工开挖
RIICCM206A	支撑设备的操作

续上表

单元编码	单元名称
RIICCM207A	手工进行物料的摊铺、压实
RIICCM208A	进行基本水准测量
RIICRC201A	修补坑槽
RIIOHS302A	执行交通管理计划
RIISAM201A	使用好资源和基础物料，安全处理无毒材料
RIIWMG203A	土木工程现场的排水与降水
H 组　公路建设与养护任选	
CPCCCM2007A	使用爆炸工具
CPCCSF2004A	安置和修复加固材料
FPICOT2221B	修剪、砍伐树木
FPIFGM3204A	人工伐树（中级）
RIICBS202A	人工摊铺沥青
RIICBS203A	安全处理沥青材料
RIICBS301A	进行刨床操作
RIICCM209A	执行混凝土工作
RIICCM210A	安装沟槽支撑
RIICCM211A	临时围栏和大门的安装与拆除
RIICPL302A	安装雨水系统
RIICPL304A	安装预制边沟
RIICPL305A	安装预制清扫口
RIICRC202A	安装标识
RIICRC203A	安装下层土壤排水系统
RIICRC204A	安装和保养路边设备
RIICRC205A	安装电线杆
RIICRC206A	安装预制防撞护栏

续上表

单元编码	单元名称
RIICRC207A	安装隔声板
RIICRC208A	铺设管道
RIICRC209A	设置钢筋混凝土箱型涵洞
RIICRC301A	排水系统养护
RIICRC302A	设置混凝土路缘石、通道及装置
RIICRC303A	安置铺路机
RIICRC304A	柏油公路养护
RIICRC305A	公路建设摊铺机抹平操作
RIICRC306A	土方工程
RIICRC307A	道路路面建设
RIICRC309A	稳定器操作
RIICRC311	进行混凝土路面摊铺机操作
RIICRC312	安装和维护混凝土摊铺机拉线
RIICRC313	混凝土道路养护作业
RIICRC314	混凝土物料处理
RIICRC315	使用混凝土材料和设备
RIICRC316	混凝土放置与压实
RIICRC317	完成混凝土路面铺装
RIICRC318	混凝土处置
RIICRC319	锯切混凝土路面形成特定的裂缝
RIICRC320	密封混凝土路面
RIICRC321	使用自动铺路定位系统
RIICRC322	接收、质检、记录混凝土交付
RIICRC323	在新拌混凝土中插入拉杆
RIIHAN201A	操作叉车
RIIHAN211A	能进行基本脚手架操作

续上表

单元编码	单元名称
RIIHAN301A	能操作升降工作台
RIIHAN307A	能操作车辆装载起重机
RIIIMG301A	维护现场记录
RIIOHS202A	进入密闭狭窄空间工作
RIIOHS205A	利用停车-减速牌进行交通控制
RIIRIS201A	进行局部风险控制
RIISAM205A	切割、焊接和弯曲材料
RIIWMG301A	控制施工现场的地下水位
TLID1107C	进行专业叉车操作

（本文发表于 2013 年第 7 期《职业资格研究动态》）

澳大利亚公路建设领域职业资格简介

交通运输部职业资格中心公路职业资格处　秦茜　沈冬柏

一、基本情况

根据澳大利亚职业资格框架，适用于公路建设领域的职业资格包括土建二级职业资格、土建三级职业资格、土建机械操作三级职业资格、土建设计四级职业资格、土建施工四级职业资格等。

（一）土建二级职业资格，适用对象是土木建设领域（包括公路建设，下同）一般操作工，其要求是"掌握特定工作领域内一定的基本技能和基础知识，在监督指导下进行常规作业"。

（二）土建三级职业资格，适用对象是土木建设领域熟练操作工，其要求是"可以在不同的环境中，根据自我判断和相关理论知识来应用一系列的技能"。

（三）土建机械操作三级职业资格，适用对象是土木建设机械操作工，其要求是"可以在不同的环境中，根据自我判断和相关理论知识来应用一系列的技能；可以在理论上提出建议，为团队提供支持"。

（四）土建设计四级职业资格，适用对象是土木建设领域专业设计人员，其要求是"负责设计工作，确保工作进度和质量，推动非常规问题技术解决方案的实施"。

（五）土建施工四级职业资格，适用对象是土木建设领域专业施工人员。其要求是"负责现场施工指导和施工操作，确保施工人员的工作进度和质量，推动非常规问题技术解决方案的实施"。

二、职业技能

澳大利亚公路建设领域职业资格所需的职业技能（见表 1）不仅包括获得就业机会的能力，还包括在企业中提升自我的潜能、持续完成工作、实现良好职业生涯发展的能力。职业技能是进行相应职业资格认证的依据。

表 1　职业技能

就业技能	土建二级证书 土建三级证书 土建机械操作三级证书	土建设计四级证书 土建施工四级证书
沟通交流能力	● 表述清楚直接 ● 具有仔细聆听指示和获取信息的能力 ● 能理解并解释工作指令和安全标志 ● 能进行基本的重量、距离和体积计算 ● 能够完成事故和养护报告 ● 能够根据不同背景人员的需要调整沟通交流方式	● 能够给予清楚、直接的反馈 ● 具有仔细聆听指示和获取信息的能力 ● 能理解并解释项目计划和安全标志 ● 能进行基本的重量、距离和体积计算 ● 能准确地完成工作计划、技术报告、风险评估等 ● 能够就问题解决方案、工作地点等与客户进行商议 ● 能够和客户商洽项目细节 ● 能够与同领域的专业人员保持联系 ● 能够根据不同背景人员的需要调整沟通交流方式
团队协作能力	● 在一系列情境中应用团队合作，尤其是在安全方面 ● 有助于促进施工计划的编制和贯彻实施 ● 能够和不同年龄、性别、民族、宗教及政治信仰、残疾人共同工作 ● 能够敏锐地识别并应对不同文化和语言背景的人	● 计划并能领导团队协作 ● 和客户协调项目内容和项目时间安排 ● 能够和不同年龄、性别、民族、宗教及政治信仰、残疾人共同工作 ● 能够敏锐地识别并应对不同文化和语言背景的人 ● 能够为员工提供相关问题的反馈和建议 ● 能参与一定的活动规划和协调

就业技能	土建二级证书 土建三级证书 土建机械操作三级证书	土建设计四级证书 土建施工四级证书
解决问题能力	●能够根据天气、场地条件的改变调整工作方法 ●能够通过团队合作去解决安全问题	●能够根据天气、地点、优先级的变化，重新分配人员和资源 ●能和员工一起解决问题，并协调团队成员的职责和活动 ●能和客户协调解决合同和执行问题 ●能参与审查，不断调整不利于项目绩效指标和项目里程碑的操作
主动性和进取心	●能够独立适应不断变化的工作环境和不同的工作领域 ●能够识别潜在工作实践和条件的改进 ●能够识别并评估工作场所的风险	●能够独立识别潜在工作实践和条件的改进 ●能识别工作场所的危险，并能采取措施解决 ●鼓励探索并应用新的方法以改善运营绩效
规划和组织能力	●能够进行时间管理，能依据事件的优先级顺序完成工作 ●能识别并获得适当的设备和许可 ●能够识别潜在危险并做好适当的应对准备 ●采用的程序和技术应与设备条件匹配，且和正在进行的工作相关	●能管理并协调好自己与团队的时间和优先级问题 ●能够为工作识别并获取适当的人员和资源 ●确保风险是可以获知的，并事先做好相应的应急预案 ●确保项目计划可以适应未来的变化
自我管理能力	●能计划和组织好自己的工作，优先完成分配的任务 ●能监控自己的表现以确保工作按时完成 ●能够了解工作场地的期望工作标准	●要负责确保团队目标的实现 ●能够了解工作场所的预期工作标准 ●能够主动管理团队 ●能够建立对员工和客户的信任

105

续上表

就业技能	土建二级证书 土建三级证书 土建机械操作三级证书	土建设计四级证书 土建施工四级证书
学习能力	● 愿意学习新的工作方法 ● 能够从他人及文件（如政策、程序等）上获取信息来改善工作执行情况	● 愿意学习新的工作方法 ● 能够从他人及有关文件（如政策、程序等）上获取信息来改善工作执行情况 ● 了解设备特性、技术能力、限制条件和有关程序 ● 能够参与并在适当条件下引领变革 ● 能和员工一起制订学习和发展计划 ● 能够筹备并领导正式或非正式的培训
技术应用能力	● 能够使用技术来监测和报告工作进展情况 ● 能够使用适合于工作场所的通信技术（如电子邮件、移动电话、广播等） ● 能够安全操作设备（土建三级职业资格不要求此项技能）	● 针对系统的检测和报告，能够运用一些基本的信息技术 ● 依据设备使用指南和工作场所要求，安全操作设备 ● 能够使用适合于工作场所的通信技术（如电子邮件、移动电话、广播等） ● 能够使用计算机技术来监控和沟通项目状态 ● 能够使用信息技术创建文件，维护工作活动记录

三、职业资格能力单元

澳大利亚国家职业能力标准采用模块化形式，即将每个职业资格所需的职业技能分解成若干能力单元（即模块），包括核心能力单元（即必选单元）和可选能力单元。申请职业资格者达到了该职业资格的全部职业能力标准后，方可获得相应等级的职业资格证书，具备从事相关岗位工作的资格。澳大利亚公路建设领域职业资格的能力单元要求见表2。

表 2 能力单元要求

职业资格	专业	能力单元要求	需完成能力单元构成
土建二级职业资格	—	需完成 16 个能力单元	10 个核心单元、6 个可选单元
土建三级职业资格	沥青铺装	需完成 25 个能力单元	7 个核心单元、7 个沥青铺装（A 组）单元和 11 个可选单元
	公路建设与养护	需完成 25 个能力单元	7 个核心单元、9 个公路建设与养护（G 组）单元和 9 个可选单元（H 组）
	土木建设类	需完成 25 个能力单元	7 个核心单元、18 个可选单元
土建机械操作三级职业资格	—	需完成 19 个能力单元	14 个核心单元、5 个可选单元
土建设计四级职业资格	—	需完成 12 个能力单元	12 个可选单元
土建施工四级职业资格	—	需完成 12 个能力单元	4 个核心单元和 8 个可选单元

注：能力单元构成参见第 164 期《职业资格研究动态》。

　　根据澳大利亚职业资格框架，澳大利亚职业资格与中等教育和高等教育文凭是相互贯通的，专科文凭与高级专科文凭是职业教育与培训能够提供的最高级别的职业资格证书。除文中重点介绍的 5 种职业资格以外，澳大利亚职业教育与培训还可提供土建设计专科文凭、土建管理专科文凭、土建高级专科文凭、土建设计高级专科文凭等公路建设领域相关的职业资格证书。每一等级的职业资格证书都是相对独立的，要求有独立的知识、技能作为支撑。当获得一种职业资格证书后，持有者既可以继续申请等级更高的相关资格证书，也可以直接就业。

（本文发表于 2013 年第 10 期《职业资格研究动态》）

韩国职业技能竞赛简介

交通运输部职业资格中心考务管理处　郝鹏玮　温晓亮

韩国从 20 世纪 60 年代中期开始开展职业技能竞赛，建立了地方、国家、国际三级职业技能竞赛制度，形成了一套由地方政府部门、国家劳动部、产业人力管理公团，以及地方委员会、技能竞赛全国委员会、国际奥林匹克职业技能竞赛韩国委员会等各方面组成的组织保障体系，在全社会营造出了崇尚职业技能、尊重技能人才和青年努力学习职业技能、踊跃参加职业技能竞赛的良好氛围。

一、韩国职业技能竞赛概况

（一）地方职业技能竞赛

地方职业技能竞赛由各地自行举办，设有竞赛委员会，具体负责竞赛的组织实施，其会长由地方市长或知事担任。

地方职业技能竞赛于每年 4～7 月在韩国 15 个市、道分别举行，赛期一般为 7 天左右。参赛选手通常以企业或地区名义组成代表队，对参赛选手没有学历和技术等级的限制，但必须是 14 周岁以上且在全国职业技能竞赛大会和国际奥林匹克职业技能竞赛大会中没有取得优秀（前三名）名次的韩国公民。获得每个竞赛工种前三名的选手，可以获得相应的奖励，并拥有参加全国职业技能竞赛的报名资格。

（二）全国职业技能竞赛

全国职业技能竞赛由韩国产业人力管理公团主办，市、道轮流承办，每年 9～10 月举行。参赛选手必须是获得地方职业技能竞赛大会竞赛工种前三名的选手，或获得地方工业协会职业技能竞赛第一名且在全国职业技能竞赛大会和国际奥林匹克职业技能竞赛大会中没有取得优秀（前三名）名次的选手。全国职业技能竞赛以直辖市、道为单位组成代表队。

全国职业技能竞赛一般设置 40 个左右的竞赛工种（竞赛工种不断调整）。竞赛工种的选定遵循以下原则：一是要适应产业结构调整和经济发展的需要，不断补充新工种、新技术，同时置换旧工种、旧技术；二是要与国际奥林匹克职业技能竞赛大会的竞赛工种相衔接；三是要经竞赛委员会技术咨询会议审议通过。

全国职业技能竞赛执裁工作非常严格。为使竞赛结果客观公正，技能竞赛的评判人员由市、道指派人员轮流担任。评判人员分别为现场执行管理评判人员和作品评估打分评判人员，互不沟通。现场执行管理评判人员不参加竞赛作品的最后评定，作品评估打分评判人员不允许到竞赛现场。一般情况下，一个工种竞赛现场和评估打分评判人员分别为 3～5 人。但特殊情况下，尤其是对主观印象较强的工种可视情况适量增加，尽量避免出现异议。作品成绩评定依据竞赛出题委员会制定的评分标准。评分标准在竞赛前由评判人员全体会议通过，并在评分之前公开。评分方法按目前国际通用的分项分组评判办法施行，即把一件作品分解成若干细项评定内容，每项内容根据出题要求、意图和难易度设定评分比率，然后分组一项项评定，最后综合。

（三）国际奥林匹克职业技能竞赛

国际奥林匹克职业技能竞赛每两年举行 1 次。每届国际奥林匹克职业技能竞赛规定的比赛工种在 40 个以内，韩国一般派选手参加 30 个以上工种的比赛。

为保证参加国际竞赛的选手具有较高水平，韩国在大赛前一年的 11 月份至当年 3 月份，举行选手选拔赛。选拔赛由国际奥林匹克职业技能竞赛韩国委员会组织实施。参加选拔赛的选手必须是获得当年或前一年全国职业技能竞赛第一名的选手。按照国际奥林匹克职业技能竞赛规定，参赛选手年龄必须在 22 岁以下。参赛选手必须接受 3 次严格的评估竞赛，由选拔赛技术委员会组成评估委员团，按照全国职业技能竞赛的办法实施评估竞赛。选拔出来的选手还要接受赛前的强化训练。强化训练按照国际奥林匹克职业技能竞赛有关工种的标准进行。

二、竞赛的组织机构

韩国的职业技能竞赛工作主要是在国家劳动部指导下，由产业人力管理公团及其下设的国际奥林匹克技能竞赛韩国委员会主办，韩国劳动组合总联盟、韩国经营者总协会及 KBS 韩国电视放送公司、韩国日报、中央日报、国民日报、世界日报等新闻单位协办。

国家劳动部内设有职业培训局，其资格振兴处负责韩国职业技能竞赛工作。产业人力管理公团是国家劳动部所属的事业性团体（公益性事业单位），下设青年奥林匹克技能竞赛办公室，主管国内职业技能竞赛和国际奥林匹克职业技能竞赛选手选拔赛的组织管理工作。国际奥林匹克职业技能竞赛韩国委员会的会长由产业人力管理公团理事长兼任，委员会下设运营委员会和技术委员会，运营委员会是常设机构。技术委员会是临时机构，根据每届竞赛的需要，由运营委员会临时聘请有关专家组成。根据竞赛需要，一个竞赛工种聘用 4 名评估人员，由地方推荐，并经青年奥林匹克技能竞赛办公室严格选拔，一般都是这一专业的技术专家或全国、国际比赛的获奖者，每个地区一名，并采取轮换方式。

三、对我国交通运输行业职业技能竞赛工作的启示

（一）完善竞赛制度

韩国职业技能竞赛建立了地方、国家、国际三级职业技能竞赛制度，形成了一套由政府、企业、社会团体组成的有效组织保障体系，针对参赛工种、参赛选手、评判办法等竞赛环节制订了详细的规章制度，用制度保证竞赛工作科学持续发展，充分发挥了竞赛对高技能人才的培养、选拔、引导功能。

2008 年我国《交通行业职业技能竞赛管理办法》的出台，标志着交通运输行业职业技能竞赛制度基本建立，也为加强交通运输行业职业技能竞赛管理、规范竞赛活动、使其健康有序发展提供了制度保障。但目前交通运输行业职业技能竞赛还没有形成一套完整科学的政策体系，各届竞赛的做法并不统一，因此需要进一步完善制度体系，尤其对组织机构、工作程序、选拔标准和条件、保障机制、经费使用、赛场管理、评判办法等方面需要进一步修改完善。

（二）健全组织机构

韩国从中央到地方都建立了职业技能竞赛的常设机构，从组织上有力地保证了职业技能竞赛日常工作的进行。韩国的职业技能竞赛经过多年的发展完善，在举办时间、选手资格、报名选拔、竞赛工种确定、命题、赛场选定、竞赛日程、评判规则及标准、表彰奖励等方面形成了一套科学规范的运行程序。

我国交通运输行业职业技能竞赛于 2013 年首次纳入国家级竞赛体系，后续竞赛名称定为"第 X 届全国交通运输行业职业技能竞

赛"，这就要求加强竞赛工作的统筹规划和组织管理。一是要结合《公路水路交通运输中长期人才发展规划纲要（2011～2020年)》，制定职业技能竞赛中长期规划，更好地培养选拔行业高技能人才，健全完善技能人才的评价、考核和发展机制；二是要参考学习国外先进竞赛经验和国内其他行业好的做法，加强竞赛的组织管理，规范竞赛各个环节的操作，建立高效科学的工作流程。

（本文发表于 2013 年第 11 期《职业资格研究动态》）

新西兰职业资格制度管理简介

交通运输部职业资格中心公路职业资格处　秦茜

新西兰政府高度重视职业资格工作，从20世纪90年代开始，就决定将提高国民职业技能素质作为一项重大国策，制定了国家职业技能开发战略，出台了《产业培训法》（The Industry Training Act，1992）。新西兰政府认为，普通教育是人力资源开发的基础，而后备和在职劳动者的职业技能培训和国家资格证书制度则是人力资源战略得以实施的主要手段。由于政府高度重视职业技能培训，职工职业资格持证率已经从1986年的35%上升到2005年的82%，近年来更是高达90%。

为实现全国资格认证统一管理，新西兰政府成立了新西兰资格认证局（The New Zealand Qualifications Authority，简称NZQA），制定了通用的新西兰资格框架（The New Zealand Qualifications Framework，简称NZQF）。

一、新西兰资格认证局

1990年，新西兰政府根据《教育修正法案》，成立了专门资格管理机构——新西兰资格认证局，将过去由不同政府部门负责管理的教育学历文凭和各行业职业资格统一起来，构建全国统一的资格认证体系。新西兰资格认证局在董事会领导下开展工作（该董事会由来自行业、社区、教育和培训领域的各界代表共同组成），下设资格认证、质量保证、战略和企业服务等3个部门。新西兰资格认证局负责大学教育以外资格的管理（大学教育对应的资格由其他机构管理），其主要职能包括：负责管理新西兰资格框架；负责评估各级中学的教育质量；负责评估除大学外其他教育机构的教育质量；负责各类资格证书的认证和部分职业标准的制定。

二、新西兰资格框架

2010年7月，现行的新西兰资格框架建立。该框架替代了原有的国家资格框架（National Qualifications Framework，简称NQF），涵盖了新西兰所有资格，并按知识技能、职业能力或学术水平、学历学位层次等，划分为10个等级，其中各等级对应的资格类型见表1。

表1　新西兰资格框架资格等级及类型

资格等级	资格类型
10级	博士学位（Doctoral Degree）
9级	硕士学位（Master's Degree）
8级	研究生文凭和证书（Postgraduate Diplomas and Certificates） 荣誉学士学位（Bachelor Honors Degree）
7级	学士学位（Bachelor's Degrees） 本科文凭和证书（Graduate Diplomas and Certificates）
6级	专科文凭（Diplomas）
5级	
4级	资格证书（Certificates）
3级	
2级	
1级	

新西兰有相当完善的职业技能培训体系，并与学历教育相关联。因此，在新西兰资格框架中并不刻意区分职业资格证书与学历证书

的界限，而是将二者紧密结合。新西兰政府规定，在普通高中阶段就引入职业技能培训，实行双证书制度。同时，普通大学的学生也可自由选修职业院校的课程，只要修满学分，就可以获得相应的资格证书。这样，使得学历证书与职业资格证书既自成体系，又互相衔接。

根据该框架，职业资格证书和专科文凭最高都可以达到7级资格，相当于本科学历，这就意味着某些具备较高技术含量的职业资格证书可以获得较高的评级。这种做法有利于解决重视学历教育、轻视职业教育的问题，有利于消除职业教育属于二流教育的认识。

新西兰资格框架中，各等级的资格在知识、技能及应用方面均有相应的国家资格标准（见表2）。各等级资格要求明确，不同等级资格之间的要求可以相互衔接；各等级间互相承认，并允许在资格框架内进行学分间的相互转换。

表2　新西兰资格框架各等级资格的知识和技能要求

资格等级	知识要求	技能要求	应用要求（知识和技能）
10级	掌握研究或专业实践领域最前沿的知识	能对现有知识或实践进行批判性反思，并能创造新的知识	始终致力于保证专业完整性，并在前沿学科和专业实践中提出新的想法并实践
9级	掌握某一学科或研究领域内高度专业化的知识（其中一些是前沿的知识）及问题批判意识	能针对现有及新出现的问题，开发、应用新的技能和技术；掌握并能达到研究或实践领域的先进水平	在某一学科或专业实践中，独立应用高等专业化的知识和技能；具有领导专业或学科的能力

续上表

资格等级	知识要求	技能要求	应用要求 （知识和技能）
8 级	掌握某一学科或实践中先进的技术和理论知识	能分析并采取相应措施解决复杂和一些不可预知的问题；能评估并采用一系列与工作或研究领域相关的流程	通过应用先进的通用技能和专业知识、技能，提升对某一专业或学科的认同感；具有一定保证专业或学科完整性的能力
7 级	掌握一个或多个工作或研究领域内有一定深度的专业技术或理论知识	能通过分析并提出相应措施，解决不熟悉和一些复杂的问题；能选择、调整、运用一系列与工作或研究领域相关的流程	能在专业领域或研究领域应用先进的通用技术和专业知识、技能
6 级	掌握某一工作或研究领域内有一定深度的专业技术或理论知识	能通过分析并提出相应措施，解决熟悉和一些不熟悉的问题；能选择并应用与一系列工作或研究领域相关的标准或非标准的流程	能在不同环境中进行完全的自主学习和实践；在动态环境中领导实践
5 级	掌握某一专业领域广泛的业务和技术、理论知识	能选择并应用一系列方法，解决熟悉和一些不熟悉的问题；能选择并应用一系列与工作或研究领域相关的标准或非标准的流程	能在一定环境中进行完全的自主学习和实践；能承担一定的管理他人学习和实践的责任
4 级	掌握某一工作或研究领域广泛的业务和理论知识	能选择并应用方法解决熟悉和一些不熟悉的问题；能选择并应用一系列与工作或研究领域相关的标准或非标准的流程	能在广泛的指导下，自主学习知识；能承担一定的管理他人实践责任

资格等级	知识要求	技能要求	应用要求（知识和技能）
3级	掌握某一工作或研究领域一定的业务和理论知识	能从一系列已知方法中选择用以解决熟悉问题的方法；能应用一系列与工作或研究领域相关的标准流程	能在有限监督下应用知识和技能；能对自己的学习和实践负主要责任；与他人交流时，能调整自己的行为；有利于组织绩效的提升
2级	掌握某一工作或研究领域的业务知识	能应用已知方法解决熟悉的问题；能应用与工作或研究领域相关的标准流程	能在全面监督下应用知识和技能；能对自己的学习和实践负一定责任；能与他人合作
1级	掌握基本的通用基础知识	能应用基本方法解决简单问题；能应用所需的基本技能完成简单任务	能在高度结构化的环境中应用知识和技能；能对自己的学习负一定责任；能与他人交流

三、资格认证的质量保证

为了有效管理资格认证、提高培训课程质量，新西兰资格局采取了以下具体措施：一是对私立培训机构进行注册管理，确保其能够提供一个良好、稳定的学习环境；二是对培训课程进行审批和许可管理，确保其符合课程设置标准和相关要求；三是坚持适度原则，通过抽取评估材料、对学生进行采访的方式获得评估样本，以确保评估的公平性和有效性，从而能够对学生及评估对象作出准确一致的判断；四是对培训机构进行外部评估和定期审查，以鉴定其教学活动、教学条件、师资水平、教学设施等是否达到相关要求。

目前，新西兰资格局已经依据有关质量保证框架开发了相关的评价方法，资格认证质量保证制度正由"审核制"向"评价制"转化。

四、新西兰资格管理的主要特点

（一）注重立法， 保障职业资格有序发展

新西兰政府非常注重教育培训的立法工作，相继颁布了《教育法》、《教育法修正案》、《行业培训法》，通过国家法律确立职业培训的地位、内容，明确职业培训各相关部门、单位、个人的义务和责任，保障了职业资格的有序发展。

（二）设立专门机构， 归口管理职业资格

新西兰职业资格管理上的一大特色就是设立了专门的国家行政机构——新西兰资格局，研究制定国家资格框架，对全国的资格进行监管与协调。专门机构成立后，一方面建立起了统一的职业资格和学历文凭标准体系，使职业教育与学历教育有机统一；另一方面也避免了证出多门、职责不清的弊端，既保证了国家资格的权威性，又保证了人才培养的规格和质量。

（三）注重职业资格认证， 推行岗位准入制

在新西兰，几乎所有工作岗位都要求人员必须具备相应的职业资格，只有取得了职业资格证书，才能从事相关职业。职业资格证书成为求职就业的必备条件，用人单位也以此作为人员上岗、薪酬定级的依据。

（本文发表于 2013 年第 14 期《职业资格研究动态》）

美国商业机动车驾驶执照管理制度简介

交通运输部职业资格中心道路运输职业资格处　丛英莉

一、美国商业机动车驾驶执照分类

在美国，机动车驾驶执照分为商业机动车驾驶执照和非商业机动车驾驶执照两种。其中，根据驾驶车辆载重量的不同，商业机动车驾驶执照又分为三大类：A 类，适用于驾驶自重 2.6 万磅以上、拖挂车超过 1 万磅重量的货车；B 类，适用于驾驶自重 2.6 万磅以上、拖挂车不超过 1 万磅重量的货车；C 类，适用于驾驶超过 16 名载客人数（包括驾驶员在内，下同）的客用车辆。驾驶载客人数低于 16 人的客用车辆，即使用于商业运输，也无需持有商业机动车驾驶执照。

由于某些车型应具备特殊的驾驶操作技能，因此可在上述三类商业机动车驾驶执照的基础上，签注其他类型的商业驾驶执照，如 P（客车驾驶执照）、S（校车驾驶执照）、N（油罐车驾驶执照）、H（危险品车辆驾驶执照）、X（危险品罐车驾驶执照）、T（拖挂车驾驶执照）和 W（卡车驾驶执照）等。

二、美国商业机动车驾驶执照管理机构

美国联邦机动车安全管理局是美国运输部 12 个职能机构之一，前身为美国联邦公路管理局组成机构，其主要职能包括：一是预防商业机动车交通事故，减少伤亡事故；二是制定并执行商业机动车

企业安全的法律规定；三是制定商业机动车、驾驶员和运输企业安全战略；四是研究、开发有关技术加强机动车运行安全；五是向各州提供拨款，协商采用和执行联邦制定的有关商业机动车安全法规等。商业机动车驾驶执照有关培训标准和考试标准制定，由美国联邦机动车安全管理局负责，而相关具体工作，则由各州车辆管理局负责。

三、美国商业机动车驾驶员职业培训、执照考试及执照管理

（一）职业培训

美国联邦机动车安全管理局负责统一制定商业机动车驾驶员职业培训标准，但对是否必须经过职业培训才能参加商业机动车驾驶执照考试，并未作统一规定。马里兰州规定，必须经过驾校培训学习才能参加商业机动车驾驶执照考试。美国各保险公司对是否参加过培训与保费标准进行挂钩，参加过培训的保费肯定比没参加的要低。目前，美国联邦机动车安全管理局为进一步提高高速公路安全，也在考虑出台强制参加考前培训的规定。

（二）商业机动车驾驶执照考试及发证程序

商业机动车驾驶执照考试程序（以弗吉尼亚州为例）：首先，需要提供相应资料；其次，需要填写申请表并附亲笔签名；再次，参加通用知识考试；最后，参加技能考试。所有考试科目通过者，将会收到由各州车辆管理局邮寄的驾驶执照。

关于参加商业机动车驾驶执照考试的条件，美国各州的具体要求不同。有的州要求，在考试报名时需要提供非商业机动车驾驶执照；有的州对此未作要求，驾驶员只要通过了所有规定考试科目，即可取得商业机动车驾驶执照。但有一点是相同的，即在通过商业

机动车驾驶执照考试之后，驾驶员如已持有非商业机动车驾驶执照，需将其交回并换成商业机动车驾驶执照，因为美国规定驾驶员只能持有一本驾驶执照。

（三）商业机动车驾驶执照管理

弗吉尼亚州规定，商业机动车驾驶执照的有效期为 8 年，在有效期期满前 6 个月，州车辆管理局会通知驾驶员在有效期内办理执照更换。更换执照时，驾驶员需要通过州车辆管理局指定的医学眼科检查，并提供医学体检报告。更换执照的费用则根据类别而定，最低为 20 美元。如果执照有效期已过，则需要重新参加商业机动车驾驶执照考试。

四、对我国机动车驾驶员职业资格管理的启示

（一）注重有效的协调机制和运行体制

美国国会赋予运输部的职责中明确指出，设立运输部的目的是保证联邦政府对于各种运输方式的统一规划、组织、协调和强化管理效能。美国联邦机动车安全管理局作为职能机构，全面负责机动车驾驶执照考试相关政策和培训标准的制定，各州车辆管理局根据这些规定结合本州实际具体实施。警察部门负责路上稽查，并且有的州车辆管理局也参与此项工作。

（二）注重以人为本的服务理念

无论是美国联邦机动车安全管理局还是各州车辆管理局，都非常注意公众的参与，注重依法办事。在商业机动车驾驶执照有效期还有 6 个月时，各州车辆管理局会主动以邮件或电话形式通知驾驶员，方便及时更换驾驶执照。各州车辆管理局基本上每两年进行一

次社会调查，确认公众对商业机动车驾驶执照考试的满意度、需要改进的方面以及有关建议。

（三）注重安全意识始终放在首位

在商业机动车驾驶执照的各项规则中，始终将安全放在首位。例如，在申请商业机动车驾驶执照（危险品运输）时，要通过美国联邦调查局的背景审核，可见其对安全性的重视程度。高速路上有专门的卡车要称重的指示牌，并且卡车检查站在高速路上随处可见，所有的卡车都要减速依次进入，无需停留，以 30 公里/小时的速度通过一个地磅，如果不超重，前方会提示绿灯箭头，可直接开出检查站并上高速。检查站工作人员会通过监控看每个驾驶员的操作。随机进行例行检查，主要是查看行车日志、制动是否合格等，查看时要核对加油收据、过路费收据等单据来判断是否超时开车，如果有超重、超时等，罚款 300 美元起，超时则至少要 720 美元，还要把驾驶员扣下强行休息，以保证道路安全性。在对安全的重视程度和政策举措方面，我国交通运输行业与美国交通运输主管部门要求是一致的，但我们在采用科技手段严格执法上仍有较大的提升空间。

（四）注重法律法规建设

美国实行联邦政府和州政府分级管理，联邦法案是行业管理的基本法规。各州设有州交通局或交通管理委员会，统一管理州一级的公路、城市公共交通等事务，各州有较大的权力，尤其是立法权。州、县运输管理部门与运输部按法律赋予的权利履行职责。对于职业资格的管理和组织实施也不例外，联邦交通法令和各地州政府对商业机动车驾驶员等关键岗位职业资格都明确具体的规定，联邦政府交通运输主管部门及其各州、县管理机构按相关法律赋予的权利履行职责。同时美国已经形成了较为健全的法律保障体系，美国民众普遍具有较强的法律意识，社会大众也能够自觉遵守相关规定。所以完善的法律法规体系和良好的公民法律意识是美国职业资格制度顺利实施的基础。从中得到的启示是：一方面，要不断加大立法力度，加快建立健全职业资格制度相关法律法规，将道路运输领域关键岗位的职业资格考试、注册、继续教育、从业管理等职业资格要求纳入相关的法律法规，为职业资格工作开展提供依据；另一方面，要不断加强社会公众特别是从业人员法制教育，在全社会营造遵纪守法的良好氛围和法治环境。

（五）注重社会诚信体系建设

美国是一个社会诚信体系较为完备的国家，其良好的商业机动车驾驶执照管理工作离不开这一社会诚信体系。如有多次闯红灯等违章记录，除了需要缴纳罚款和扣分外（美国称扣点，驾驶员每 18 个月最多 12 点），其下一年度的所聘企业和个人的商业保险保费将增加，所在企业和个人银行信誉也将降级。由于违章代价太大，商业机动车驾驶员很注意遵守交通法规，不违章不超载，自觉接受培训，及时学习和掌握新的交通规章制度。完备的社会诚信体系为包括商业机动车驾驶执照管理在内的社会公共管理提供了重要保障。因此，加强社会诚信体系建设，加快建立和完善包括信用法律体系、行政规章和行业自律规则在内的社会诚信制度，促进信用管理和服务系统发展，形成社会诚信监督与惩戒机制，对于促进我国经济、社会和谐发展具有重要意义。

（本文发表于 2013 年第 20 期《职业资格研究动态》）

日本运行管理者考试中心简介

交通运输部职业资格中心人才评价研究处　范煜君

日本的运行管理者资格是在道路运输企业中负责运输安全管理人员的职业资格，是经营道路运输企业时必须配置的国家职业资格。日本运行管理者资格考试每年考两次，分别是 3 月和 8 月。考点分布在日本的 47 个都道府县。这些年来，日本共组织了运行管理者资格 29 次考试，约 90 万人参加考试，约 50 万人通过考试取得资格。有关数据显示，运行管理者资格制度实施以来，日本年机动车事故发生死亡人数较该制度实施前减少了约 1/4。运行管理者资格制度由运行管理者考试中心具体负责。

一、运行管理者考试中心的管理关系

运行管理者考试中心受国土交通省的领导，是国土交通省指定的运行管理者资格考试实施的唯一机构，只负责运行管理者资格一项考试。运行管理者考试中心法人代表的任免、负责考试事务的理事的任命都需要国土交通大臣许可。运行管理者考试中心实行自收自支，收入来源为收缴的考试考务费，财务支出每年主动向社会公开。运行管理者考试中心的役员和评议员等涉及考试相关事务的工作人员，在职期间和退休后的待遇、安全保密的责任与义务，相当于国家公务员。

二、运行管理者考试中心的组织机构

运行管理者考试中心的法人代表称作会长，现任会长是日本国土交通省机动车局局长转任的。在会长之下，有专门负责考试事务的理事。运行管理者考试中心下设三个内设机构，分别是总务组、考试组和业务组。总务组相当于综合处，负责日常行政与事务性工作；考试组相当于考务处，负责考试和试题编制等相关工作；业务组相当于政策研究室，负责调查研究和外联工作。

三、运行管理者考试中心的主要职责

运行管理者考试中心的职责，主要是五条。一是根据《货物机动车运送事业法》实施运行管理者（货运）考试；二是根据《道路运输法》实施运行管理者（客运）考试；三是负责运行管理者考试的宣传工作；四是负责运行管理者考试相关的调查研究工作；五是其他为达成目的所必要的工作。

概括起来说，运行管理者考试中心的主要工作，一是考试组织，二是职业调查。考试组织主要是编制试题、制定合格标准和根据国土交通省的工作安排发布考试信息。为了确保试题质量，运行管理者考试中心成立了国土交通省相关人员参加的试题委员会，审议命题原则。职业调查主要是开展运行管理者职业的调查研究工作，为国土交通省提供相关数据支持。

和我国一样，日本也执行考培分离的原则，运行管理者的培训工作由机动车事故对策机构负责实施。

（本文发表于 2014 年第 4 期《职业资格研究动态》）

日本运行管理者职业资格制度介绍

交通运输部职业资格中心人才评价研究处　范煜君

道路运输职业资格处　赵靖平　张巍

一、日本运行管理者制度基本情况

（一）相关背景

1. 运行管理者的执业范围

日本运行管理者负责驾驶员的配置、交接班管理、培训和运输安全等工作，是运输企业必须配备的管理人员。

2. 运行管理者职业资格制度的建立

日本战后经济发展迅速，随着机动车保有量的增加，交通事故和人员伤亡也在增多。日本国土交通省根据事故伤亡数据和统计分析发现，造成交通事故的原因中，人的因素占压倒性的比例。为加强道路运输车辆管理、减少交通事故、降低事故伤亡率，日本建立了运行管理者职业资格制度。这一制度的实施对减少交通事故和伤亡人数起到了积极作用。2012 年日本全国机动车事故发生死亡人数为 4411 人，和事故数量最多的 1971 年相比，减少了约 1/4。

3. 运行管理者职业资格制度的实施

运行管理者制度最初是以培训后发证的形式实施的。1990 年，《货物机动车运送事业法》实施，运行管理者国家职业资格制度正式建立并实施。1990 年率先开展了货运运行管理者考试，2002 年开始实施巴士、出租车运行管理者的考试，2004 年根据修订后的《道路运送法》开展了客运运行管理者考试。

日本运行管理者考试中心负责实施考试，并向考试合格的考生颁发考试合格证。考生凭考试合格证向国土交通省或地方运输局申领运行管理者职业资格证书。证书终身有效，但国土交通省规定凡被任命为运行管理者的人员必须参加两年一次的培训讲座。

（二）运行管理者职业资格制度基本情况

1. 法律依据

根据日本《货物汽车运送事业法》和《道路运送法》(修订版)，道路运输企业有义务配置运行管理者，并根据其营运用车数量，选任对应数量的、通过考试取得证书的运行管理者。

日本《道路货物运输法》明确，道路运输企业必须配备运行管理者，并将选定的运行管理者报国土交通省备案。道路运输企业配备运行管理者的人数，要根据企业自备车辆数确定（见表 1）。对不配备运行管理者的企业，将处以 50 万日元以下的罚款。经营小型运输企业者，必须获得运行管理者资格证书。

表 1　企业配备运行管理者人数标准

企业自备车辆数（挂车除外）	运行管理者人数
5 辆～29 辆以下	1 人
30 辆～59 辆（各种车辆）	2 人
60 辆～89 辆（各种车辆）	3 人

注：1. 日本法律规定，道路运输企业的最少车辆数为 5 辆。
　　2. 运行管理者的人数等于企业自备车辆数除以 30 的得数（该数不足 1 的，四舍五入）。

2. 专业分类和考试资格

运行管理者考试分货运和客运两个专业。符合两个条件（具有 1 年以上营运车辆运行管理相关工作经验；完成汽车事故对策机构组织的培训课程的人员）之一，提交工作经历证明或培训证明，方可申请参加运行管理者考试。

3.考试内容

运行管理者考试采用笔试方式，皆为单项选择题，机读卡阅卷。题量为 30 道。这 30 道题的考查点分布是：道路运送车辆法 4 题、道路交通法 5 题、劳动基准法 6 题、其他运行管理者业务相关知识及能力 7 题；另外 8 题客运运行管理者和货运运行管理者不同，客运考查《道路运送法》，货运考查《货物汽车运送事业法》。考试合格线一般定在 60 分。

2009 年，运行管理者考试中心对日本 2 万余家运输公司进行了问卷调查。结果显示：已获得运行管理者职业资格证书的人员，以 40～50 岁为主（占全体的 30%）；约 60% 的企业认为本企业运行管理者人员不够用；80% 以上的企业承担了员工参加运行管理者考试的费用；近 60% 的企业承担了员工参加运行管理者考试的研修和讲习费用。

二、日本运行管理者制度主要特点

（一）法规依据充分，制度权威

日本运行管理者职业资格制度是依据《道路运送法》、《旅客机动车运送事业运输规则》、《货物机动车运送事业法》、《货物机动车运送事业输送安全规则》等法律法规建立的，对运行管理者的职责、岗位要求、考试内容、考试方式、组织实施机构、在行业管理中的作用等作出了详细规定。于法有据，确保了考试相关机构职责明确、考试流程清晰严谨、与行业管理结合紧密，确保了国家职业资格制度的权威性。

（二）专门机构实施，组织规范

日本运行管理者职业资格制度由政府部门主导，职业资格工作专门机构承办。国土交通省负责制定运行管理者职业资格制度相关政策，充分发挥运行管理者考试中心在考试测评技术及考试组织方面的优势，明确运行管理者考试中心承担运行管理者考试事务性工作。

（三）与行业管理结合紧密，作用明显

日本《道路货物运输法》等法规规定道路运输企业必须配备运行管理者。这一制度的实施，加强了交通运输安全管理，减少和预防了交通事故。

三、对我们的启示

（一）适时建立我国道路运输安全管理人员职业资格制度

日本运行管理者在安全管理方面的职能与我国道路运输企业安全管理人员基本对应。根据《道路危险货物运输管理规定》（交通运输部 2013 年第 2 号令），道路危险货物运输企业应当配备专职安全管理人员，未明确考试和持证要求。根据《道路旅客运输企业安全管理规范（试行）》（交运发〔2012〕33 号），道路旅客运输企业及分支机构应当依法设置安全生产领导机构和管理机构，配备与本单位安全生产工作相适应的专职安全管理人员。安全管理人员经相关部门统一培训且考核合格，持证上岗。

行业管理规章中已明确了对道路客运、危险货物运输企业的安全管理人员要求，但职业资格制度体系还没有完全建立。建议借鉴日本运行管理者职业资格制度建设和管理经验，立法建立我国道路运输安全管理人员职业资格制度。建立道路运输企业安全管理人员职业资格的准入标准、考核内容、动态监管、继续教育、退出机制等。强化道路运输安全管理人员的职业意识和责任，提高其职业能力和水平，充分发挥其保安全的作用。

（二）进一步明晰道路运输企业安全管理人员职责

我国道路运输企业安全管理人员职责内容与日本运行管理者相比，更侧重于宏观层面的安全管理，而日本运行管理者的工作职责内容更为具体，见表 2。例如，点呼制度的实施，对运行完毕的车辆在入库前加油，对车辆的行驶里程和运行时间进行记录，对驾驶员进行酒精检测等。相比较而言，日本运行管理者的定位更偏重对具体事务的管理和工作的执行，工作职责更明确。建议进一步细化我国道路运输企业安全管理人员的人员定位、工作职责等内容，使之与安全管理的具体工作结合更加紧密。

表 2　日本运行管理者与我国道路运输安全管理人员职责对比

日本运行管理者的主要工作职责	我国道路运输安全管理人员主要工作职责
1.不允许企业聘任驾驶员以外的人员驾驶本企业车辆。 2.编印运输经营计划书，包括车辆配备和安排、连续工作不超过 4 小时的驾驶员安排，车辆的管理和订单的管理等，做成的计划书要印刷出来执行。 3.检查驾驶员的健康状况、精神状态、驾照有效期，禁止不符合规定、不能安全驾驶的驾驶员从事运输作业。 4.对出库车辆的运行状况进行抽查和检查，对路况和驾驶员休息时间进行确认；针对长途运输或夜间驾驶等情况下，可能因疲劳无法继续安全驾驶的，配置换班的驾驶员。 5.对运行完毕的车辆在入库前加油，并对车辆的行驶里程和运行时间进行记录，对驾驶员进行酒精检测等；对每天的运行情况做记录并制成报表，制订驾驶员定期健康检查的计划。	1.监督执行安全生产法律、法规和标准，参与企业安全生产决策。 2.制定本单位安全生产规章制度、客运驾驶人和车辆安全生产管理办法、操作规程和相关技术规范，明确各部门、各岗位的安全生产职责，督促贯彻执行。 3.制定本单位安全生产年度管理目标和安全生产管理工作计划，组织实施考核工作，参与本单位安全生产事故应急预案的制定和演练，参与企业营运车辆的选型和客运驾驶人的招聘等安全运营工作。 4.制订本单位安全生产经费投入计划和安全技术措施计划，组织实施或监督相关部门实施。 5.组织开展本单位的安全生产检查，对检查出的安全隐患及其他安全问题应当督促相关部门立即处理，情况严重的，责令停止生产活动，并立即上报。对相关管理部门抄告、通报的车辆和客运驾驶人交通违法行为，进行及时处理。

续上表

日本运行管理者的主要工作职责	我国道路运输安全管理人员主要工作职责
6.监督并防止超载运输，对驾驶员进行货物装载方法的指导监督，科学装载货物（不发生偏载、防止运输中途货物散落或掉落以及货物捆绑、苫布遮盖要求）。 7.点呼的实施，对点呼、驾驶、行驶记录仪等进行记录，并负责保存。 8.制作并保存事故记录、驾驶员台账记录等。 9.指导和监督驾驶员正确使用保证运输安全所配备的紧急信号用具、灭火器等设备；尤其加强对发生过事故的驾驶员，进行特别指导监督。 10.在异常天气及其他对运输安全产生威胁的情况下，指示驾驶员采取必要的避险措施。 11.根据《汽车事故报告规则》，对驾驶员进行防止事故、安全驾驶的指导和监督。 12.当货物运输企业无法确保安全生产时，可以对该企业提出保证必要驾驶员数、改善车辆运行计划的整改要求。并根据授予运行管理者的权限，责令企业停止不安全的运输行为，采取措施纠正错误等	6.组织实施本单位安全生产宣传、教育和培训，总结和推广安全生产工作的先进经验。 7.发生生产安全事故时，按照《生产安全事故报告和调查处理条例》等有关规定，及时报告相关部门；组织或者参与本单位生产安全事故的调查处理，承担生产安全事故统计和分析工作。 8.其他安全生产管理工作

注：点呼是指运行管理者在出车前、运输途中和运输结束后三个时间点对驾驶员进行的询问、检查、记录和确认的过程。日本《道路货物运输安全规则》要求道路货物运输企业必须对企业自有车辆的驾驶员进行点呼。

（本文发表于 2014 年第 6 期《职业资格研究动态》）

美国工程与测量考试委员会及其业务

交通运输部职业资格中心公路职业资格处　马岳

美国工程与测量考试委员会（NCEES）的前身是 1920 年组建的工程审查委员会理事会（CSBEE），1989 年更为现名。美国工程与测量考试委员会由各州的 70 个工程和测量注册局作为会员单位组成，位于南卡罗来纳州（South Carolina）克莱姆森市（Clemson），设客户服务、考试服务、财务管理、人力资源、信息技术、会员服务和公共事务等 7 个部门，现有 3 名管理层人员、65 名工作人员。

一、主要职责

（一）负责工程师和测量师职业资格制度的研究与制定、考试组织和注册管理等，为各州注册局组织的工程师和测量师资格考试提供包括考试大纲、教材、命题、阅卷、评分和合格分数线建议等服务。

（二）负责制定有关工程师和测量师的注册标准和程序、执业标准、资格验证办法和职业道德条例等文件的范本，推荐给各州注册局参考使用。

（三）负责对非美国教育背景的申请人进行教育背景评估，并出具评估报告供各州注册局使用。

二、主要业务

（一）组织工程师和测量师考试

美国工程与测量考试委员会组织工程师和测量师两项考试，具体工作包括编制考试大纲、命制试题、建立题库、评阅考卷等。这两项考试都分为实习工程师（测量师）、注册工程师（测量师）两个等级。取得实习工程师（测量师）资格只要参加基础知识考试。具有 2~4 年的实习工程师（测量师）工作经验，并获得 3~5 位注册工程师（测量师）的推荐书后，可申请参加实践知识考试，取得注册工程师（测量师）资格。

（二）出版教材

美国工程与测量考试委员会出版的教材大体上可分为 3 种。一是手册类。例如基础知识考试的参考手册，是唯一允许考生在考场内使用的参考资料，涵盖常用单位、换算关系、基本常数、文字符号、定义、公式、数值表、曲线和图形等不要求考生记住的内容。二是样题类。样题与真题题型相同，但篇幅减半，并附有正确解答。三是复习指导类。主要是复习指南、参考资料和例题等综合性指导书。

（三）学历认证

各州注册局只认可美国工程与测量考试委员会出具的教育背景评估报告。非美国教育背景的考试申请人需经过学历认证方可参加相应考试。认证时，需提供本科成绩单、毕业证、学位证和课程清单及课程内容，并缴纳 400 美元。

（四）国际交流与合作

目前，美国工程师和测量师考试已在加拿大、日本、韩国、埃及、阿联酋、沙特阿拉伯、土耳其等国家开展。

三、征集考题

美国工程与测量考试命题采用免费征题的方式。所有的注册工程师都可以依据《考题编写指南》（明确了考题格式、命题方法、注意事项，列举质量较高和较低的样题），向美国工程与测量考试委员会提供考题。

美国工程与测量考试委员会收到考题后，会将题目交给两位注册工程师试做，试做合格方能入选题库。从题库中抽取出来的试题经过两次审核方能用于考试。

四、评分

美国工程师（测量师）考试中的基础知识考试，设 180 道选择题，其中 1 分题 120 道、2 分题 60 道，共计 240 分。

每当考试内容和形式有重大变化时，美国工程与测量考试委员会就会组成一个专业工程师特别委员会，评估这份试卷要做对多少道题才能成为一名合格的见习工程师。他们评估的分数确定为最低合格分数线。之后，通过统计方法，确定每次考试的最低合格分数线，使之与专业工程师特别委员会评估的最低合格分数线标准一致。

需要特别指出，一是美国工程与测量考试委员在公布成绩时，会以最低合格分数线作为 70 分基准值，将考生成绩换算成百分制；二是计算机阅卷时，会自动统计考生所选选项，当大多数考生所选与标准答案不一致时，会对正确答案进行再次分析，确定有误时会进行修正，并依据修正后的答案重新判卷。

（本文发表于 2014 年第 7 期《职业资格研究动态》）

日本法律中关于道路运输职业资格
制度的规定

交通运输部职业资格中心人才评价研究处　范煜君

日本职业资格制度的典型特点是覆盖各行各业，且在法律法规中要求明确。道路运输职业资格制度也是如此。

一、日本法律法规体系构成及明确道路运输职业资格要求的法律

日本法律法规体系与我国类似，由 3 个层次构成。一是法律，由国会制定，比如《道路运输法》；二是法规，由内阁制定，比如《道路运输法施行令》；三是规章，由内阁组成部门如国土交通省制定，比如《道路运输法施行规则》。提出明确职业资格要求的道路运输法律主要有：

（一）《道路运输法》

该法于 1951 年制定，1960 年修订。其中明确设立了运行管理者职业资格制度。与该法配套的有《道路运输法施行令》及《道路运输法施行规则》。

（二）《货物利用运输事业法》、《货物机动车运输事业法》

这两部法律通称"物流二法"，于 1989 年制定。其中明确了货物运输驾驶员职业资格制度。与之配套的有《关于货物机动车运输

事业法实施的相关措施的政令》、《货物机动车运输事业法施行规则》。

二、日本法律中关于运行管理者职业资格制度的条款

（一）关于设立运行管理者职业资格制度

《道路运输法》第二十三条、《货物机动车运输事业法》第十八条明确："一般旅客机动车运输企业（一般货运机动车运输企业）业主为确保企业内营运车辆的安全运行，每个企业必须在获得运行管理者职业资格证书的人当中选任运行管理者。"

（二）关于授予运行管理者职业资格证书

《道路运输法》第二十三条第二款、《货物机动车运输事业法》第十九条明确："国土交通省对符合下列任一条件者，授予其运行管理者职业资格证书：1. 通过运行管理者考试的人员。2. 符合国土交通省令中规定的，在确保营运机动车安全运行的相关业务上具备一定的实际经验，或符合其他条件的人员。""国土交通省对符合下列任一条件者，不受前项规定限制，不授予其运行管理者职业资格证书：1. 违反本法律或依据本法律制订的命令和处分，从处罚执行日开始未满 2 年者。2. 根据上条规定，命其上缴职业资格证书后未满 2 年者。运行管理者职业资格证书的发放手续等相关事项，由国土交通省令另行制定。"

（三）关于运行管理者考试

《道路运输法》第二十三条第四款、《货物机动车运输事业法》第二十一条明确："1. 运行管理者考试由国土交通省组织实施，考察运行管理者在业务上必须具备的相关知识与能力。2. 参加运行管

理者考试的人员，必须具备国土交通省令中规定的实际工作经验。
3. 运行管理者考试的考试科目、报名方法等考试实施细则由国土交通省令另行规定。"

（四）关于运行管理者的权利与职业道德

《道路运输法》第二十三条第五款明确："1. 运行管理者要诚实地开展业务工作。2. 机动车运输企业业主，在第二十三条第二款国土交通省令规定中的业务上，在运行管理者行使其职能时授予其必要的权限。"

《货物机动车运输事业法》第二十二条明确："1. 运输企业业主必须接受和尊重运行管理者在其业务范围内的建议和意见。企业的驾驶员和其他从业人员必须听从运行管理者在其业务范围内的指挥。"

《道路运输法》第二十七条、《货物机动车运输事业法》第二十三条明确："机动车运输企业业主因未遵守安全管理规定而无法确保运输安全的，经国土交通省认定后，可以责令该企业业主给予运行管理者必要的权限，确保必要的驾驶员人数等确保符合安全管理规程的相应措施。"

（五）关于对考试机构的要求

《道路运输法》第四十四条、《货物机动车运输事业法》第四十六条明确："国土交通省可以指定考试机构实施运行管理者考试相关的业务。国土交通省在指定考试机构之后不再实施考试业务。"

《道路运输法》第四十五条、《货物机动车运输事业法》第四十七、四十九至五十八条明确："国土交通省在机构满足以下条件时，指定其作为认证机构实施考试：1. 其职员、考试业务的实施方法、计划等符合实施考试的要求。2. 具有一定的经营基础和技术能力。

3. 在实施考试业务以外的业务时，要保证该业务不能对考试构成不公平。""考试机构在进行考试业务时，必须由符合国土交通省令规定的人员（考试员）来担任，由其来对运行管理者是否具有必要的知识与能力做出判断。考试机构从事考试业务的职员的任命与解任必须经过国土交通省的许可。在考试机构的职员和考试员违反本法律或依据本法律制定的命令时，国土交通省可以免去其职务。""从事考试业务的职员（包括考试员）和负责人被视为从事公务的工作人员。考试实施办法、业务实施计划、收支预算、报表等必须向国土交通省提交。"

（六）关于运行管理者考试的收费

《道路运输法》第九十五条第二款、《货物机动车运输事业法》第六十一条明确："运行管理者考试的考试费及证书补办费用根据国土交通省令规定收取后，纳入国库（由指定考试机构收取的，纳入该机构的收入）。"

（七）关于惩罚条款

《道路运输法》第二十三条第三款、《货物机动车运输事业法》第二十条明确："国土交通省对违反本法律的可以命其上缴职业资格证书。"

《道路运输法》第一百零五条、《货物机动车运输事业法》第七十三、第七十九条明确："对于无正当理由，违反上述条例，不按时上缴资格证书者，处以五十万日元以下的罚款。""对于违反上述规定，未选任运行管理者的企业，处以一百五十万日元以下的罚款。"

（本文发表于 2014 年第 9 期《职业资格研究动态》）

英国航运经纪人资格简介

交通运输部职业资格中心水运职业资格处　刘欣　段超

航运业是一项国际性行业，需要认可一种共同的世界范围内的专业资格和操作运行的标准。为了有效提高市场标准，尽可能多地让岸上管理者成为完全合格的专业人员，英国皇家特许船舶经纪协会（ICS）创建了航运经纪人资格认证。

现如今，ICS 已成为国际上唯一认可的为全球航运经纪人、船舶管理人、港口代理人等岸上管理者提供世界范围内认同的专业资格和操作运行标准的专业化组织。ICS 为航运经纪领域提供了高水准的教育培训，ICS 的会员资格是对保持整个航运业的最高专业标准的承诺。

一、英国皇家特许船舶经纪协会（ICS）概况

英国皇家特许船舶经纪协会成立于 1911 年，1920 年被授予皇家宪章，1984 年被授予补充宪章。ICS 总部设在伦敦，目前在主要航运领域有 24 个分支、3500 个人和 120 个公司会员，有 16 个远程教育中心向世界各地提供辅导课程，组成了国际航运职业者网络。

ICS 不仅贯彻了诚信的职业道德标准，而且不断地向全世界证明着他们所拥有的智慧、竞争力，以及对广阔的航运市场的理解。

ICS 由以下机构组成：

Controlling Council——管理委员会

ICS 受其委员会管理，执行管理委员会一年一度的会议和执行

委员会一季度一次的会议的决议。

Executive Council——执行委员会

执行委员会受权代表管理委员会定期执行决策，每年召开 4 次会议。

Education & Training Committee——教育与培训委员会

教育与培训委员会目的在于监督所有的教育、培训和考试事宜，每年召开 3 次会议。

Education Fund——教育基金

教育基金完全独立于 ICS，其受托人赠予 ICS 用来支持 ICS 按照信托的教育目标和慈善委员会的规定履行责任，每年召开两次会议。

Membership Committee——会员委员会

会员委员会负责监督解决所有会员的问题，每年召开 4 次会议。

Federation Council——联邦委员会

联邦委员会是代表船舶经纪人、代理和船舶管理人的行业协会，授权管理 ICS 公司成员，每年召开两次会议。

European Committee——欧洲委员会

欧洲委员会负责统筹协调 ICS 与欧洲联盟内部的发展问题的有关工作。它代表了欧洲的船务经纪与代理协会的咨询小组，确保 ICS 公司成员的意见是代表该组织的，每年召开 3 次会议。

Liner Committee——班轮委员会

班轮委员会吸纳了英国班轮代理行业的资深人士，该委员会负责审查本部门以及相关领域，比如海关、公路和铁路运输和基础设施的发展规划，并且代表联邦委员会采取适当行动。每年召开 3 次会议。

Chartering & Documentary Committee——租船及文件管理委员会

租船及文件管理委员会代表船舶经纪业的公司成员，并对所有文件经纪方面的问题负责，如租船合同、提单、销售形式、标准条款、解释规则和其他方面有关文件。该委员会与波罗的海国际海运公会、FONASBA 和其他类似的文件管理委员会共同促进上述文件经纪问题的研究。

Tramp & Tanker Agency Committee——不定期船和油轮代理委员会

不定期船和油轮代理委员会向联邦委员会报告关于港口代理的问题。该委员会负责起草 ICS 的委托代理费标准，并负责英国港口代理业的有关工作，每年举行 2 次会议。

Head Office——总公司

二、ICS 航运经纪人资格概况

作为航运相关教育培训的主要提供者，ICS 从伦敦总部直接或从世界各地的 16 个远程教育中心提供主要的教育计划和辅导。每年有超过 1000 名学生参加全球 ICS 的专业资格考试。去年，全世界 78 个考试中心共发放了 2781 份试卷。

（一）资格的取得

资格的取得有两种方式，一是在航运业累积 4 年工作经验，通过专业资格考试即可申请会员资格；二是撰写 15000 字的由 ICS 认可题目的论文。

大多数人是通过考试取得资格的。有相关专业背景或学历的考生，经 ICS 确认，可最多申请豁免的相关科目的考试。

（二）资格的分类

ICS 提供的航运经纪人资格分为两种，一种是专业资格，通过专业资格考试即可申请；另一种是文凭资格，那些不是刚刚入行或不想接受所有专业资格考试的学生可参加基础文凭考试，以进一步了解行业知识。

1. 专业资格考试

考生需要通过考试申请专业资格。以下科目中，第 1 组 4 个科目为必考科目；第 2、3 组为选考科目。考生需在 5 年内通过第 1 组 4 个科目和第 2、3 组中任选 3 个科目的考试。

第 1 组：

《航运简介》

《航运法律原理》

《国际贸易与海上运输的经济学原理》

《航运业》

第 2 组：

《干散货租船》

《船舶营运与管理》

《船舶买卖》

《油船租船》

《班轮运输》

《港口代理》

《多式联运和物流》

《港口管理》

《海上服务》

第 3 组：

《航运法》

《海上保险》

《船舶融资及财务管理》

2. 文凭考试

ICS 提供了基础文凭和高级文凭，文凭是为那些既不是新入行者，又不想通过所有 ICS 课程并取得会员资格，但想了解更多航运业知识的人而设计的。这些文凭也是国际公认的资格。

基础文凭由专业资格考试第 1 组的《航运简介》科目及第 2 组的一门科目组成。高级文凭由专业资格考试第一组《航运业》科目和第 2 组的一门科目组成。考生必须在同一考试年度参加必修科目和他们选择的专业科目考试。

具有基础文凭或高级文凭的考生，在申请专业资格考试时，可以豁免相应科目的考试。

三、ICS 航运经纪人资格教育辅导概况

ICS 通过伦敦和世界范围内的 16 个远程教育中心提供了其教育辅导项目。各学习中心以 ICS 名义提供辅导材料，根据各地情况收取学费。一些远程学习中心也会为学生和会员组织其他培训课程和研讨会。

ICS 有自己的教学大纲，以辅导学生参加专业资格考试或考取基础文凭。课程按照个人需求而设计，涵盖航运界所有领域。不仅满足 ICS 考试备考需要，更为学员拓宽对航运业的理解、提升职业潜力提供了帮助。辅导课程由各领域的专家设计编写，并实时更新。

（一）辅导课程内容

辅导分为 3 组。参加专业资格考试的考生需要在第一年上《航运业》课程，其余课程可以任意顺序修完，但考生在第一次考试时需要参加至少 3 个科目的考试。专业资格考试要在五年内完成。

（二）辅导方法

学生需要注册为伦敦 ICS 或世界范围内 16 个远程教育中心之一

的学员。注册的学员将收到教材，并由 ICS 分配一个导师引导他们学习。所有的导师都是在各自领域里的专家，而非退休或准备退休的人。

辅导作业根据学生的喜好以电子邮件、传真或正常的邮政渠道交付。每门教材都包含自我评估、10 个"测试"问题和模拟试卷，导师可用来标记和提出意见。

（三）注册及考试报名

所有考生需要注册为学员学生后才可参加考试。考试于每年四月在世界各地考试中心举行。这个时间也适用于海外或英国的非指定的考试中心。如果在大学或学院进修过有关课程，可申请考试豁免资格。

（四）辅导费用

对于那些希望从伦敦参加学习辅导的学生，申请费用是：每科目 295 英镑，基础文凭课程 550 英镑，高级文凭课程 550 英镑。

四、取得 ICS 航运经纪人资格的优势

（一）对于 ICS 个人成员

1.个人成员可以在学习过程中建立潜在的同行/客户关系网络；

2.吸收讲师/家庭辅导老师提供的大量实践经验，他们往往都是各个领域受人尊敬的开拓者；

3.将所学专业知识迅速运用于工作之中；

4.社交——预习课/周末预习班——在您的关系网中建立更可信赖的关系；

5.具备资格后，个人成员将对航运市场以及经纪规则有深刻的

理解；

6.他/她将具备在与海运律师、海运保险经纪人探讨问题时所必需的法律、保险、金融以及经济方面的知识；

7.个人成员可以清楚地知道各种知识领域的界限，以及应该在何时听取哪方面专家的建议，任何事后的补救都不及于事前的防范；

8.加强能力和技巧训练以适应工作环境变化——例如：学习船舶融资以及风险管理；

9.成员的知识底蕴为职业发展提供良好的基础；

10.通过考试并继而成为会员（MICS）是对个人专业技能的肯定；

11.会员（MICS）是世界范围内工作网络的参与成员之一——航运市场是一个国际网络，其运作取决于成员之间的相互信赖；

12.会员资格强调了其对个人专业化的理解；

13.会员分享共同的价值观以及高标准——言必行，行必信；

14.卓越的象征——特许协会特别会员资格；

15.MICS 是唯一为全球认可的航运业职业资格；

16.具有 MICS 资格相当于具有众多首屈一指的大学硕士学位入学资格，例如位于伦敦的卡斯城市商学院的研究生资格。

（二）对于雇主

1.雇佣受过专业教育并真正理解他们所从事行业的员工，将使得企业更具商业竞争力，并能减少合同风险；

2.许诺员工个人发展；

3.向行业证实其教育/培训文化；

4.提升公司在同行中的专业水准；

5.有助于招募新人和提高现有队伍资质。

（三）对于世界航运市场

1. 市场繁荣源于全体成员的良好专业教育；

2. 减少贸易系统内合同风险；

3. 更安全的航运环境；

4. 世界统一的专业资格与运行管理二者之标准；

5. 市场对于自我规范的公开示范；

6. 行业之专业标准提升引起的公众认可度的提高。

（本文发表于 2014 年 9 月 12 日）

国外考试新理念对考试机构
专业化建设的启示

交通运输部职业资格中心人才评价研究处　　何朝平

一、国外考试新理念

（一）机构专业化

美国考试机构非常重视试题编制的科学性和人员配备的合理性。考试机构汇集了众多心理学、教育学、统计学和心理测量等学科领域的专家。每次考试前，都由专家做出考试计划，确定考试目的、对象、内容、试题形式。每次考试后，要开展试题等值分析，测量试题的信度、效度、难度和区分度。

（二）考试标准化

美国、英国、法国、日本等国家均要求，依据全国统一的考试大纲所规定的内容进行命题，并逐步推进大规模的全国统一考试走向标准化。自20世纪20年代多项选择考试在美国诞生以来，标准化考试以其客观、公正、精确和高效，迅速向其他国家蔓延。20世纪50年代后，借助光电阅读器特别是计算机等现代技术，标准化考试更是风靡全球。标准化考试是现代考试发展的内在趋势和要求。随着网络技术的发展及其在大规模考试中的应用，标准化考试的评价体系会越来越完善、应用也会越来越广泛。

（三）评价多元化

随着考试的发展，人们在实践中和理论上对考试有了更深刻全面的认识和总结，任何一次和单一的考试内容、形式和方法都无法完整地评价一个考生，因此考试制度的改革一方面在制度上实行多次考试的方式来弥补一次考试的不足，一方面则综合多方面的考试内容和方法以全面考查考生。以前的考试不是偏重知识考查，就是偏重能力测量；不是侧重于测试考生的专业倾向，就是侧重于评价考生的学业成就；或者要么是口试，要么是笔试；要么是主观性试题，要么是客观性试题。现在发展为将这些内容、形式和方法，都综合运用到考试中，表现出由结果性评价转为过程性评价的新趋势。英国、法国、德国、日本、韩国等国的考试形式，除了笔试外，增加了小论文、面试、口试、实验等方式，考试内容也是将知识和能力的考查都结合起来。这种综合化的考试无疑对考生的评价更加科学、准确和全面。

二、对考试机构专业化建设的启示

（一）由经验化命题走向专业化命题

命题能力建设是考试机构由专门向专业、管理向服务转型的关键支点。目前，我国考试机构的命题大多还停留在经验化命题阶段，缺少实证性的试题和试卷质量保证手段。命题的专业化是保证考试质量，提升考试机构核心竞争力的关键。要通过命题组织模式的专业化改革，在考试难度的稳定性、多次考试的分数等值、量表分数的转换、等级标准的合理设定、多等级间梯度的合理设置等方面提高科学化水平。

（二）由会议式命题走向题库式命题

传统的命题组织模式一般是将命题教师短期集中，编写试卷并反复研磨后，直接印刷使用，可以称为会议式命题。题库式命题则是建立题库，根据考查知识点要求从题库中抽取试题。题库模式的优点，体现在 3 个方面：一是管理学上的优越性，即高效、灵活、高度保密。题库式命题能够将保密环节和涉密人员减至最少，同时增强了应对突发事件的能力。二是测量学上的科学性，即高质量、可预控、等值可比、稳定一致。题库式命题在积累一定数量的试题后，可以进行试测和等值研究，从测量学指标上进一步保证试题质量。三是计算机技术上的先进性，即试题的动态管理和试卷的自动生成和分发。

（三）由命题教师主导走向学科秘书主导

在会议式命题模式下，试题内容大多交由学科命题教师负责。由考试机构学科秘书主管主导命题是国际专业考试机构的通行模式。命题教师主导命题的弊端：一是命题教师的稳定性难以保证，且与考试机构无直接人事隶属关系，一旦出现命题质量问题，也难以对其进行问责或处理；二是命题教师不能自觉遵循考试机构提供的命题规范的规定命题，而是选择自己熟悉的学科知识和材料撰写试题，试题编制出来后，再确定试题的测量目标。作为考试命题的主导者，学科秘书的主要工作是：一是掌握考试标准的制定和解释权。学科秘书要通过借鉴国内外学科考试标准，梳理学科测试的理论成果，分析课程标准、教材等工作，承担起考试标准研制的研究任务。并通过向命题教师、课程标准专家、测量专家等多方征询的方式，修订完善考试标准。二是指导并参与试题编写工作。学科秘书要从考试设计理念、试题编写原则、教育目标分类理论等角度培训指导命题教师命题。三是开展题目分析、组卷等工作。

（四）由偏重学科背景走向偏重测评背景

考试机构要组建一支专业化的学科秘书队伍。学科秘书不但需要具备学科知识，更重要的是要逐步掌握心理测量学知识，以专业的知识、技能和方法从事考试设计、命题管理和考试评价。就像修建一座建筑，传统的模式是让命题教师生产砖，并负责设计建筑图纸，再按图纸搭建成型，而更好的模式是命题教师只负责提供砖坯，由学科秘书负责设计建筑图纸，并筛选和修改砖坯后，将之烧制成砖，再按图纸搭建成型。让命题教师和学科秘书分工合作，命题教师发挥学科特长，学科秘书发挥测评特长，从而形成合力提升考试质量。

（本文发表于 2016 年第 1 期《职业资格研究动态》）

ADR 危险货物运输驾驶员培训、考试及国际互认情况

交通运输部职业资格中心道路运输职业资格处　刘震

《危险货物国际道路运输欧洲公约》（European Agreement Concerning the International Carriage of Danger Goods by Road，简称 ADR）是目前国际认可的国际危险货物运输公约。该公约是为促进国际道路运输安全，实现危险货物跨国运输，由联合国欧洲经济委员会主持制定的。首部 ADR 于 1957 年 9 月 30 日出台，自 1968 年 1 月 29 日生效；修订版 ADR 于 1975 年 8 月 21 日出台，自 1985 年 4 月 19 日生效。目前，ADR 缔约国包括欧盟成员国、俄罗斯。ADR 对道路危险货物运输驾驶员培训、考试和管理等作出了明确规定。

一、ADR 危险货物运输驾驶员培训和考试概况

（一）ADR 危险货物运输驾驶员培训

从事国际道路危险货物运输的驾驶员在从业过程中应持有主管机关发放的证书，学习了危险货物运输相关培训课程且通过考试的人员方可取得证书。

1. 培训目标

让驾驶员了解危险货物运输过程中可能出现的危险、最大限度预防事故发生的必要信息，让驾驶员掌握减小事故影响、保障人身

安全、公共安全和环境安全的方法。

2. 培训内容

（1）基础课程内容。

——危险货物运输的一般规定；

——主要危险货物的类型；

——废料转移过程中对环境保护的要求；

——针对不同类型的危险货物采取的预防和安全措施；

——事故发生后要采取的行动（救护、道路安全、防护设施使用和书写规范等）；

——标记、标志；

——在运送危险货物时，驾驶员允许和不被允许的事项；

——车载技术设施作业方法；

——同一辆车和同一集装箱内不得混装的货物品种；

——装卸危险货物时的注意事项；

——多式联运作业的信息；

——包装和堆放危险货物的操作规范；

——隧道驾驶规范（事故预防、遭遇火情或其他紧急事故后应采取的措施等）；

——安全意识。

（2）罐体运输专业课程内容。

——车辆在道路上的行为规范；

——车辆的特殊规定；

——不同的装卸货系统的一般理论知识；

——车辆使用的附加特殊规定（需要特殊批准的证书、标记等）。

（3）运输爆炸物品、烟花爆竹的专业课程内容。

——特定危险下与爆炸物品和烟花爆竹相关的内容；

——爆炸物品、烟花爆竹在混合装载时的特殊规定。

（4）运输放射性物质的专业课程内容。

——与离子放射物相关的内容；

——与放射物的包装、操作、混合装载和配载有关的内容；

——与放射物有关的事故中应采取的特殊措施。

3. 培训形式与时间要求

基础培训课程和专业培训课程均采用实操与理论培训相结合的综合培训形式。培训单元时长为 45 分钟，通常情况下，一天不能安排超过 8 个培训单元。基础课程至少 18 课时，罐体运输专业课程至少 12 课时，运输爆炸物品和烟花爆竹的专业课程至少 8 课时，运输放射性物质的专业课程至少 8 课时。

（二）ADR 危险货物运输驾驶员考试

1. 基础培训课程考试

考生在完成基础培训（含实际操作练习）之后要参加考试，确保已经具备作为专业危险货物运输驾驶员的知识、洞察力和技术。每位考生回答不少于 25 个书面问题，考试预设时间不少于 45 分钟。每道考题的难度和分值不同。

2. 罐体、爆炸物、放射物运输的专业课程考试

专业课程考试中，每位考生回答不少于 10 个书面问题，考试预设时间不少于 30 分钟。

（三）ADR 危险货物运输驾驶员证书

1. 证书签发条件

受训者完成基本培训课程以及罐体、爆炸物、放射物运输的专业课程，并通过考试取得证书。证书上注明可以运输的危险货物种类及有效期。

2.证书有效期

驾驶员培训证书有效期为五年，自通过基础培训考试算起。

3.证书备案

缔约方向联合国欧洲经济委员会秘书处（UNECE）提供该国根据这一规定核发的证书式样，并提供仍然有效的证书样例。UNECE向所有缔约方提供有关信息。

二、道路危险货物运输驾驶员资格国际互认

ADR 各缔约国具有对危险货物驾驶员在其领土上的运输活动进行管理的权利。但缔约国之间需要通过双边或多边协议，才能实现道路危险货物运输驾驶员资格的国际互认。目前，尚无非缔约国之间或者非缔约国与缔约国之间通过 ADR 证书互认进行的跨境危险品运输的先例。

国际道路运输联盟（IRU）下设的 IRU 学院是经 ADR 授权的开展 ADR 危险货物运输驾驶员培训的国际组织。由于我国不是 ADR 缔约国，需要与邻国交通运输主管部门达成协议，认可对方的 ADR 培训证书，才能开展 IRU 学院的 ADR 培训，实现道路危险货物运输驾驶员资格的国际互认。

（本文发表于 2016 年第 2 期《职业资格研究动态》）

英国道路运输驾驶员从业资格考试制度

交通运输部职业资格中心道路运输职业资格处　张鹏

为改善道路运输安全水平和能源使用效率，提升行业服务水平和吸引力，欧盟于 2003 年 7 月出台《驾驶员职业能力认证制度（Driver Certificate of Professional Competence）》（欧盟第 59 号令，简称 Driver CPC 制度），面向欧盟成员国建立了统一的、强制性的经营性道路运输驾驶员从业资格考试（Initial Qualification）和继续教育制度。2007 年 2 月，英国运输部根据欧盟第 59 号令、本国《工作健康安全法》、《数据保护法》等法律，制定了《机动车驾驶员职业能力认证规定》，建立实施了道路运输驾驶员从业资格制度，并授权英国驾驶员与车辆标准局（Driver & Vehicle Standards Agency，英文简称 DVSA）具体负责制度实施工作。

一、英国道路运输驾驶员从业资格考试制度概况

（一）实施对象

对以驾驶客车（bus or coach）、货车（lorry）作为主要工作内容的驾驶员，需要获得驾驶员资格证（Driver Qualification Card）并随身携带。不具备从业资格从业的，将被处以 1000 英镑的罚款。

（二）从业资格考试制度主要内容

1. 申请条件
①持有小轿车机动车驾驶证。

155

②年龄达到相应条件（货车 18 岁、客车 24 岁）。

③向驾驶员与车辆许可局申请临时客车/货车驾驶证（申请时须提供社区医生签署的身体条件证明）。

2.考试内容

英国道路运输驾驶员从业资格考试包括理论测试（含理论知识和危险辨识）、案例分析、道路驾驶和实操演示四个科目。通过理论测试和道路驾驶科目测试的，获得相应的客车/货车驾驶证（Driver License），在此基础上再通过案例分析和实操演示科目测试的，获得驾驶员资格证（Driver Qualification Card），详见下表。

英国道路运输驾驶员从业资格考试科目信息表

序号	项目	时长（分钟）	形式	内容及考试方式	总分	合格标准	告知方式	费用（英镑）
科目1	理论知识（多项选择）	115	计算机	涵盖培训大纲考点以及英国交通标识等规定。从全国统一考试系统（含题库）中自动抽取不定项选择题。（客、货运题量各约 1000 题，总量与我国持平，考点类似我国驾驶证考试科目一、科目四，以及从业资格考试理论科目内容）	100	85 分	自动生成的成绩单（含考官署名），考试成绩两年内有效	26

续上表

序号	项目	时长（分钟）	形式	内容及考试方式	总分	合格标准	告知方式	费用（英镑）
科目1	理论知识（危险辨识）	20	计算机	从全国统一考试系统（含视频库）中自动抽取19段视频（共约100段），包括20个危险点。通过单击鼠标辨识，每个危险点5分，根据判断时机快慢得分递减。（类似我国从业资格考试应用能力科目中的危险源辨识与防御性驾驶虚拟场景项目）	100	67分	自动生成的成绩单（含考官署名），考试成绩两年内有效	11
科目2	案例分析	75	计算机	从全国统一考试系统（含案例库）中自动抽取7个案例（共约85个）。通过文字、对话、图片等形式描述实际案例场景，每个案例配套有6~8个不定项选择题，考核考生对实际问题的分析与处理能力	50	40分		23
科目3	驾驶能力	90	问答、实车操作	车辆安全问题、实际道路驾驶、越野驾驶。（考生需要自行提供车辆参加考试）	—	犯错少于15个、无严重或者危险错误	考官告知	115（151）

续上表

序号	项目	时长（分钟）	形式	内容及考试方式	总分	合格标准	告知方式	费用（英镑）
科目 4	实操演示	45	实操	车辆装载、对非法入境者终止服务、紧急情况处置、车辆安全检查。（类似我国从业资格考试应用能力科目中的实操部分）	100（5 个主题各 20 分）	每个主题不少于 15 分、总分不少于 80 分	考官告知	55（63）
备注	科目 1 合格后方可申请科目 3，科目 2 合格后方可申请科目 4；科目 3 和科目 4 需要考生自备车辆；费用栏中括号内数字是在晚间、周末、法定节假日的收费标准							

3. 证件发放

考试合格后，考生将在 20 日内收到驾驶员与车辆标准局统一制发、邮寄的驾驶员资格证，有效期为 5 年，驾驶员与车辆标准局建立统一的信息平台维护驾驶员考试、资格证等信息，实现全国共享和社会查询。持有英国驾驶证参加考试的，资格证免费发放；持有非英国驾驶证参加考试的，资格证费用为 25 英镑；资格证因丢失、损毁等需要补发的，费用为 25 英镑。

（三）实施主体

英国驾驶员与车辆标准局作为英国运输部授权的执行机构，具体负责 Driver CPC 制度实施工作，包括道路运输驾驶员从业资格考试、证件管理、继续教育、道路执法等。

1. 主要职责

驾驶员与车辆标准局的业务涉及驾驶证考试、Driver CPC 制度实施、驾驶培训教练员注册、经营者许可与服务、车辆年检（MOT）、车辆召回、执法检查等多个领域。

2. 人员状况

驾驶员与车辆标准局约有员工 4500 名。按照业务板块划分，负责驾驶员业务和车辆业务的人员各约占 50%。按照人员角色划分，绝大部分为业务执行人员（包括驾驶考官、车辆检测人员各约 1800 人，道路检查执法人员约 600 名），以及少部分管理人员和交通法官。另有部分代理商在驾驶员与车辆标准局的指导下承担有关事务性工作。

3. 财务状况

驾驶员与车辆标准局按照政府赋予的职责，自筹经费保障机构正常运转，完全依赖于向服务对象收取业务费用（包括车辆年检、驾驶员考试、教练员注册、继续教育项目等），无政府拨款。根据其 2015—2016 年财务预算，总收入为 3.71 亿英镑，支出 3.71 亿英镑，用于人员工资、有关非收费服务、工作场所租金、信息化业务支持、车辆年检、驾驶员考试、设备折旧淘汰等相关支出。

（四）实施情况

截至 2015 年底，英国共有 42 万辆客货运输车辆，87.5 万名驾驶员取得驾驶员资格证。2015 年约有 9 万人申请参加从业资格考试。

1. 关于考前培训

一是编制培训教材。驾驶员与车辆标准局组织编制了一系列驾驶员培训教材，成为国内最权威、最畅销的驾驶员考试用书。二是加强教练员管理。驾驶员与车辆标准局制定了驾驶培训标准，指导教练员实施驾驶培训。建立非强制性的教练员注册和继续教育制度，通过注册的教练员综合素质更高，在学员自主选择教练员时更具优势。

2. 关于考试组织

一是加强考点管理。驾驶员与车辆标准局建有大约 260 个考点负责实施全国驾驶考试，其中约有 80 个考点实施道路客货运输驾驶员从业资格考试。各考点执行统一考务工作规程，理论测试和案例分析采用统一考试系统，对考试题库实行严格保密。

二是加强驾驶考官队伍建设。驾驶员与车辆标准局约有 1800 名驾驶考官，绝大部分为全职聘用，来源主要为驾驶培训教练员。考官聘用前需要通过严格背景调查、系列测试和岗前培训，在岗期间需接受继续教育和服务质量考核。英国驾驶考官因为有更稳定的收入、更高的社会认可度以及更好的职业发展，具有高度的职业荣誉感和自律性，有力保障了考试工作的规范性、科学性和权威性。

3. 关于驾驶标准

2012 年，驾驶员与车辆标准局分别发布了货运、客运车辆驾驶标准（National standard for driving lorries/buses and coaches），主要内容为从事驾驶工作应知应会的知识和技能清单，包括车辆检查与行程规划、车辆操控、道路标识识别、安全与尽责驾驶、持续改善驾驶行为习惯等 5 个方面内容，用于指导驾驶员不断提升驾驶技能和从业水平。

二、有关启示

（一）建立实施道路运输驾驶员准入类从业资格制度符合国际惯例。与普通驾驶员相比，经营性道路运输驾驶员的从业要求应当更高，不仅要掌握驾驶技能，对身体条件、年龄等有更高要求，且要掌握运输服务相关法律法规、运输与物流知识、安全诚信绿色从业要求、紧急情况处置等技能。因此，在取得机动车驾驶证基础上，需要通过相应考试获得从业资格后方可从业。欧盟在 2003 年出台第 59 号令，与我国出台《道路运输条例》等行政法规类似，通过立法形式建立道路运输驾驶员准入类从业资格制度，对于保障运输安全、提升运输服务能力和水平具有重要意义。

（二）中英两国在实施道路运输驾驶员从业资格制度方面有很多类似的经验做法。例如，从业资格考试科目均包括理论知识测试和应用能力考核，题库总量、题型和考核内容类似，通过计算机系统实现考试网上报名、理论考试自动组卷、自动生成成绩单，建立统一考试题库且不向社会公开，通过虚拟场景方式开展危险辨识和防御性驾驶考核，组织编制高质量的培训教材供考生备考，向考生收取考试考务费保障考试成本支出，注重加强考核员和教练员队伍建设等。

三、工作建议

（一）进一步规范从业资格考试

建立从业资格考试题库更新机制，定期更新题库试题，研究引入案例分析题；加强从业资格考试考点建设，以及考官队伍和驾驶培训教练员队伍建设，提升队伍素质和职业荣誉感，促进培训、考试工作规范化、科学化。

（二）通过信息化手段优化从业人员服务

进一步推广应用统一的全国道路运输从业资格考试考务系统，组织道路客货运输驾驶员、道路危险货物运输从业人员、出租汽车驾驶员等从业资格考试，促进持证人员信息源头采集、题库严格保密和考试考务工作规范化。借助从业资格证件免费发放政策改革，加快开发应用统一的证件管理信息系统，并实现与道路运政管理系统融合对接，实现证件征订、持证人员信息采集信息化，促进从业人员信息互联互通和联网共享。

（三）加快制定道路运输驾驶员职业标准

借鉴英国驾驶标准有关内容，发挥专门机构、行业专家、协会组织等各方面作用，在职业研究基础上，编制道路运输驾驶员职业标准，为组织实施考试和培训提供基础保障。

（本文发表于 2016 年第 3 期《职业资格研究动态》）

英国道路运输驾驶员继续教育制度简介

交通运输部职业资格中心道路运输职业资格处　张鹏

欧盟于 2003 年 7 月出台《驾驶员职业能力认证制度（Driver Certificate of Professional Competence）》（欧盟第 59 号令），面向欧盟成员国建立了统一的、强制性的经营性道路运输驾驶员从业资格考试和继续教育（Periodic Training）制度。英国对道路运输驾驶员继续教育实行的是欧盟制度。

一、英国道路运输驾驶员继续教育制度主要内容

（一）周期及学时要求

持有从业资格证（Driver Qualification Card）的道路客货运输驾驶员，必须在每个证件有效期内（5 年）参加 35 学时的继续教育。在有效期届满且完成规定学时后，方可换发新的从业资格证，进入下一周期。逾期未完成继续教育培训的，将不予换发新证件、不得从业，直至完成继续教育之日起（过去 5 年内累计 35 学时，超过 5 年以前的学时作废）方可继续从业，下一周期起始日期为完成继续教育之日。

（二）学时计算

驾驶员需要到经驾驶员与车辆标准局认证的继续教育机构（包括道路运输企业以及经营性继续教育机构）参加继续教育，自主决定集中或者分散学习 35 学时的课程，每次接受培训时长不少于 7 小

时（1 天）。驾驶员可根据需要，在不同时间内学习同一门课程（比如在第 1 年和第 5 年都学同一门课程）。若驾驶员同时具备客运、货运两种从业资格，则按其从业类别每 5 年接受一组 35 学时的继续教育视为有效。

（三）培训形式

为保障出勤，培训形式为面授，课程形式包括教师讲授、观看视频或者实操培训等。例如，伦敦交通局组织开发的"自行车与货运驾驶员互换体验"培训课程，货运驾驶员与骑车人角色互换在同一交通环境内行车，强化对驾驶盲区危害以及非机动车、行人等的认识，提升安全驾驶意识和技能。

（四）培训内容

课程内容紧扣欧盟制定的统一培训大纲，分为 3 个主题：一是与驾驶相关的法律法规运用。二是基于安全行车的合理驾驶技能培训。三是行车安全、环境保护、运输服务和物流知识。

二、英国道路运输驾驶员继续教育管理体制与运行机制

（一）驾驶员与车辆标准局负责继续教育认证管理及记录维护

驾驶员与车辆标准局对继续教育机构和培训课程实施认证管理，负责制修订认证标准、收取认证费用、确认并发放认证合格证书，并授权继续教育联合认证机构（The Joint Approvals Unit for Periodic Training）具体负责实施。此外，建设应用全国统一的道路客货运输驾驶员管理信息平台汇总继续教育记录，实现数据更新和共享查询，并向完成继续教育的驾驶员换发新一周期的驾驶员资格证。

（二）继续教育联合认证机构具体承办相关认证及监督检查

继续教育联合认证机构职责包括审核继续教育机构和培训课程申请资料、确认缴费、向驾驶员与车辆标准局报送认证结果建议，对通过认证的继续教育机构和培训课程进行编码和网站公布、实施质量监管等。目前继续教育联合认证机构有员工 27 人，其中 15 人负责认证工作，12 人负责对通过认证的继续教育机构进行监督检查，包括培训记录存档情况、培训实施情况（如是否按计划开课、师资及课程内容是否符合要求），确保培训质量。

（三）继续教育机构提供培训服务并上传记录

具备条件的继续教育机构向继续教育联合认证机构申请认证，认证费为 1500 磅，有效期为 5 年。通过认证后，向驾驶员提供继续教育服务，培训课程同样须通过认证，认证费一般为 36 磅/课（每课时长为 7 小时），有效期为 1 年。向学员收取的课程定价由继续教育机构自定，一般约为 20 磅/课。继续教育机构要详细记录培训情况并存档，包括学员信息、课程信息、课程评估记录和驾驶员意见反馈单等。完成学习后，继续教育机构出具培训证明，该证明由个人保存，企业无权保管。继续教育机构需在课程结束 5 个工作日内将培训记录上传至驾驶员与车辆标准局建立的驾驶员信息平台中，并按照学时数付费 1.25 英镑/（人·学时）。

继续教育机构认证需提交申请表和有关资料说明机构资质、类型（内部培训/经营性继续教育机构等）、基础设施、拟开设课程和培训师资等情况；培训课程认证需提交申请表和有关资料说明继续教育机构名称，课程名称、主题、目标、学时、计划招生人数、师资、授课时间安排、课程评价方法等信息。

（四）驾驶员自主选择继续教育机构参加培训

驾驶员根据继续教育联合认证机构在其网站公布的继续教育机构和培训课程信息，自主选择参加继续教育（未通过认证的课程学时无效）。参加继续教育时须携带护照、驾驶证、计时卡❶和驾驶员资格证。从业期间，驾驶员可在驾驶员与车辆标准局网站，通过输入驾驶证号码查询继续教育完成情况，包括个人培训完成学时、课程内容，也可申请一个临时密码提供给企业查询。

培训完成情况查询登录入口

三、英国道路运输驾驶员继续教育实施情况

目前，驾驶员与车辆标准局数据库中已有 3000 余万学时的继续教育记录，全英范围内共有 1426 个继续教育机构以及 4000 多门培训课程通过认证。培训课程内容主要涉及驾驶员与企业事务（37%）、行车安全和应急处置（27%）、车辆检查（13%）、法律法规（9%）、个人健康与幸福（9%）。总体上，70% 的培训量由继续教育机构实施，其他 30% 由运输企业实施。

据了解，英国道路客运（包括城市公交）领域集约化、企业化程度较高，驾驶员继续教育主要由运输企业承担，培训针对性更强、效果更明显，且不向驾驶员收费，实现了职业素质和企业效益的双

---

❶ 计时卡是每位营运驾驶员持有的卡片，在工作时插入安装在车上的终端设备中，用于驾驶时记录速度、工作时长等信息，要求携带此卡的目的是避免他人代学。

赢。但货运领域70%以上为小微企业或个体户，其继续教育主要由经营性继续教育机构承担，培训质量、针对性有待提高，工学矛盾突出。驾驶员与车辆标准局调查显示，52%的继续教育机构未能按计划如期培训，27%的继续教育机构提供的培训课程时长不足，继续教育机构组织的培训监管成为工作难点。

（本文发表于2016年第4期《职业资格研究动态》）

美国路面标线技术专员资格简介

交通运输部职业资格中心公路职业资格处　马岳

在美国，各州的路面标线技术专员（Pavement Marking Technician）均需通过相应的培训后才能上岗，且每个项目团队中必须至少有一人获得认证后才能施工。除少数州的交通运输部门计划建立地区的培训认证项目（如马里兰州立公路局开展的中大西洋地区技术员认证项目）以外，美国大部分州都认可美国交通安全服务协会（American Traffic Safety Services Association，英文简称 ATSSA）的培训和认证。

一、路面标线技术专员的工作内容

路面标线技术专员的具体工作内容包括：施工现场安全设施摆放，道路指挥；操作砂轮机等去除旧标线；操作吹风机、清扫机等进行路面清扫、干燥；操作专业设备进行测量放样；操作设备进行材料熔融；操作标线设备进行喷涂、设置和修整作业；设备清洁等。

二、ATSSA 路面标线技术专员培训认证制度

（一）培训制度

1. 培训对象和规模。包括路面标志标线管理机构人员、工程施工承包商、工程施工技术人员。单次培训人数上限 40 人。

2. 培训时间和内容。培训为 2 天共 16 个小时的封闭培训。课程内容包括标线设备和材料、施工过程质量控制、路面标线设计和安

装，工作标准、相关规定及法律责任等，详见下表。

美国路面标线技术专员课程安排表

时间		培训内容
第一日	上午8：00—中午	1.课程引入
		2.背景介绍
		3.路面标线工作标准
	下午1：00—5：00	4.美国道路标志标线标准和原则（MUTCD）、美国国家环境保护局、美国交通运输部和美国职业安全与卫生条例（OSHA）的相关规定
		5.标线设计与布局
		6.施工路段的交通控制
第二日	上午8：00—中午	7.标线设备、标线材料和施工质量控制
	下午1：00—5：00	8.信息记录方法
		9.合同的侵权责任和其他法律问题
		10.伦理与专业精神
		11.检查周期
		12.考试

3.培训费用。协会会员需缴培训费450美元，非会员需缴565美元。

（二）认证制度

1.认证要求。申请认证的学员需达到以下要求：（1）参加培训且考试得分在80%以上；（2）至少具有两年（4000小时）路面标线经验；（3）完成认证申请和缴纳认证费；（4）提供2份相关工作证明的介绍信；（5）通过美国交通安全服务协会认证委员会批准。

2.认证有效期。有效期为4年，有效期过后学员需参加重新认证考试。学员可在现场考试或在线考试中任选一种。

3.认证费用。协会会员需缴认证费109美元，非会员需缴130

美元。

（三）实施主体简介

美国交通安全服务协会是全美道路交通领域的行业协会，同时也是培训认证组织。协会成立于 1969 年，总部位于弗吉尼亚州。目前协会拥有 1200 余家成员单位，包括 17 家跨国公司。成员企业主要来自交通标志制作、路面标线、防护栏生产安装和交通服务等领域。协会宗旨为：通过设计、安装道路安全设施和交通控制设备提高道路交通安全水平。

美国交通安全服务协会拥有路面标线技术专员、交通控制设计技术人员、施工路段交通指挥人员等多个相关资格的培训和认证业务。自 2002 以来，协会培训了超过 55 万人，有超过 17 万名专业人员获得认证。目前，该协会的培训课程形式包括视频光盘、网络课程、出版物和现场培训等。协会与西班牙和智利相关机构开展了国际合作。

三、启示

一是美国路面标线技术专员资格培训认证模式与中心公路施工现场管理人员（施工员）专业能力培训评价项目模式类似，其培训内容和继续教育形式值得我们学习。二是美国交通安全服务协会培训课程形式多样，值得借鉴。

（本文发表于 2016 年第 8 期《职业资格研究动态》）

世界技能大赛简介

交通运输部职业资格中心考务管理处　郝鹏玮

世界技能大赛以"通过成员之间的交流合作，促进青年人和培训师职业技能水平的提升；在世界范围内宣传技能对经济社会发展的贡献，鼓励青年投身技能事业"为宗旨，每两年举办一次，被誉为"技能奥林匹克"。

一、世界技能组织机构

世界技能组织前身是"国际职业技能训练组织（IVTO）"，成立于1950年，由西班牙和葡萄牙两国发起，后改名为"世界技能组织（World Skills International）"。技能组织注册地为荷兰，目前总部设在阿姆斯特丹。该组织的管理机构是全体大会（General Assembly）和执行局（Executive Board），常设委员会是战略委员会（Strategy Committee）和技术委员会（Technical Committee）。全体大会拥有最高权力，由本组织成员的行政代表和技术代表构成，每个成员拥有一票，由两名代表中任何一名代表投票。执行局管理本组织的日常事务并向全体大会报告。战略委员会由行政代表组成，由负责战略事务的副主席主管，并由其召集会议。战略委员会负责提出实现本组织目的和目标可能的战略和战略实施方式。技术委员会由技术代表组成，由主管技术事务的副主席主管，并由其召集会议。技术委员会负责处理与竞赛相关的所有技术和组织事务。

二、世界技能大赛

世界技能组织的主要活动为每年召开一次的全体大会和每两年举办一次的世界技能大赛。截至 2016 年底，该组织有 76 个正式国家和地区成员。我国于 2010 年 10 月正式加入世界技能组织，成为第 53 个成员国。我国的台湾、澳门和香港已分别于 1970、1983 和 1997 年以地区名义加入了世界技能组织。

世界技能大赛的举办机制类似于奥运会，由世界技能组织成员申请主办。在申请获批准后，主办方在世界技能组织的指导下举办世界技能大赛。第 41 届世界技能大赛于 2011 年 10 月在英国伦敦举办，第 42 届世界技能大赛于 2013 年 7 月在德国莱比锡举办，第 43 届世界技能大赛于 2015 年 8 月在巴西圣保罗举办，第 44 届世界技能大赛将于 2017 年 10 月在阿联酋阿布扎比举办。

历届世界技能大赛以在欧洲举办为主。中国正在申请第 46 届世界技能大赛的举办权，拟在上海举办。

三、世界技能大赛项目

截至 2015 年第 43 届世界技能大赛，世界技能大赛项目共包括 6 个大类（分别为结构与建筑技术、创意艺术和时尚、信息与通信技术、制造与工程技术、社会与个人服务业、运输与物流）共计 50 个竞赛项目。其中运输与物流项目中包括飞机维修、车身维修、汽车技术和汽车喷漆 4 个工种。

四、参赛选手条件

根据《世界技能大赛规则》，参加世界技能大赛的参赛选手年龄上限为 22 岁。制造与工程技术中的制造团队挑战赛和机电一体化、信息与通信技术中的信息网络布线、运输与物流中的飞机维修 4 个工种属综合性项目，因为有工作经验要求，参赛选手年龄上限放宽为 25 岁。

（本文发表于 2017 年第 1 期《职业资格研究动态》）

国外道路运输从业资格管理经验与启示

交通运输部职业资格中心　雷小芳　梁英超　张翠婷　张露丹

道路运输在国民经济中占有重要地位，与国民生活息息相关。目前，在我国从事经营性道路运输的驾驶员需持有机动车驾驶证与从业资格证。当前国内出现了不少声音质疑道路运输从业资格证存在的必要性，要求取消道路运输从业资格证。他山之石，可以攻玉。研究和借鉴国外道路运输从业资格管理经验，有助于建设和完善我国道路运输从业资格管理制度。本报告调查研究了国外典型国家（美国、英国、德国、俄罗斯、日本）经营性道路运输从业资格管理制度，系统梳理了相关的政策措施，分析了各国政策措施的特点，并结合我国基本国情提出了政策建议，供领导参阅。

一、典型国家经营性道路运输从业资格管理现状

（一）美国

1. 概述

美国营运汽车驾驶员必须持有商用汽车驾驶执照（Commercial Driver's License，CDL）才能从事经营性道路运输。美国运输部联邦汽车运输安全管理局负责制定并发布商用汽车驾驶执照考试标准，各州车辆管理局负责组织考试、发放执照、评估驾驶员资质及检查证件有效性等。对于特殊类型经营性运输车辆（如危险品运输车辆等）的驾驶员，还须取得特殊车辆驾驶许可签注（签注体现在其所持执照上）。

2.适用范围

只要驾驶员所驾车辆属于下列类别中的一个或多个，无论其从事州内、跨州还是跨境营运性运输，都需要获得并持有商用汽车驾驶执照。

A类，即任何额定总重或总重在11794公斤（26001磅）及以上的组合货车，其中可包括额定总重或总重在4536公斤（10000磅）及以上的一个或多个牵引车辆。

B类，即任何额定总重或总重在11794公斤（26001磅）及以上的单体货车，可以牵引一个额定总重或总重不超过4536公斤（10000磅）的车辆。

C类，即任何不符合A类或B类，但用于搭载16人（包括驾驶员）以上人数，或运输《美国法典》中规定属于危险品并根据《联邦法规》规定要求张贴危险品标识，或运输大量《联邦法规》规定属于有毒物质或管制品的单体客货车或牵引客货车。

美国运输部规定，申请商用汽车驾驶执照的最低年龄是21岁。有些州允许年龄在18至20岁的驾驶员申请，不过这种执照初期只在持照人居住的州内有效，且会在持照人年满21岁时自动变更为全美通用执照。

3.获取CDL

在符合美国运输部联邦汽车运输安全管理局提出的联邦标准的前提下，各州可以自行制定商用汽车驾驶执照的申请流程，每个州都有自己的《商用汽车驾驶执照手册》。一般流程如下：

（1）获得商用汽车驾驶学员许可。

驾驶员在申请商用汽车驾驶执照前必须先申请商用汽车驾驶学员许可（Commercial Learner's Permit），只有获取了学员许可的驾驶员才可以在其他持有商用汽车驾驶执照的人员陪同下进行驾驶训练。

申请学员许可需要满足以下资质要求：一是持有美国普通驾驶证。各州对持照年限的规定可能有所不同。二是通过过去 10 年内在全美各州和华盛顿特区的驾驶记录检查。三是提交所在州对本人健康状况达标的书面证明。四是根据各州要求提供户籍信息等其他证明。五是通过知识考试。知识考试可分为两部分：一是基础知识考试，要求所有申请人必须参加并通过；二是特殊许可考试，申请特殊许可签注的申请人必须参加并通过与申请签注车辆类型对应的知识考试。

申领成功后，驾驶员需在所在州规定的学员许可有效期（一般为 180 天）内进行学习、培训，并通过技能考试。

（2）通过商用汽车驾驶技能考试。

考前培训由第三方商业机构组织开展，各州的要求不尽相同，部分州规定驾驶员在考前必须完成培训。持有学员许可达到 14 天的驾驶员可以参加商用汽车驾驶技能考试。

技能考试包括三个部分：车辆检验考试、基本控制考试和道路考试。根据申请种类不同，考生可能需要加试相应的内容。已持有商用汽车驾驶执照但需增加签注或注销限制标识的驾驶员需重新参加考试。考生须使用所申请驾驶类型车辆（空载）进行考试，考试车辆由考生自备。

（3）申领 CDL。

技能考试合格的申请人可携带相关文件到柜台办理执照。为确保该申请人具备在本州申领的资质且未在其他州持有此类执照，州政府会在资料库、商用汽车驾驶执照信息系统和国家驾驶员注册系统中查验该驾驶员的信息及其过去 10 年内在任何州申领过的所有商用驾驶执照下的完整驾驶记录。如果驾驶员在其他州已持有商用驾驶证，本州政府会在其上交了原有执照后向其颁发本州的执照。

4.商用汽车驾驶执照信息系统

为及时了解和通报执照持有者的信息、交通违规行为和资质取消情况，各州需要将商用汽车驾驶执照信息系统与国家驾驶员注册系统联网，同时在颁证流程开始的 10 天内，将证件的颁发、转移、更新或升级信息告知商用汽车驾驶执照信息系统运营方。各州也可以通过上述两个系统检查驾驶员的驾驶记录，或确认申请人具备资质且未持有其他州发放的商用汽车驾驶执照。

（二）英国

1.概述

根据欧盟在 2003 年 7 月颁布的第 59 号令❶，英国要求驾驶载重超过 3.5 吨的货车或者 9 座及 9 座以上客车（Passenger Carrying Vehicles，PCV）的驾驶员除拥有常规驾驶证外，还必须持有 CPC 驾驶证（Driver Certificate of Professional Competence）。CPC 是专门驾驶公共汽车、长途汽车和货运汽车的驾驶员所需要取得的资格证书。

2.适用范围

如将驾驶货车、公共汽车或长途汽车作为主要工作，则驾驶员必须持有完整的 CPC 驾驶证。

不以营运为目的驾驶客货车或其他特殊情况驾驶客货车的，申请不完整的 CPC 驾驶证即可。

3.获取和续期 CPC 驾驶证

（1）申领货车或公共汽车临时驾驶许可证；

（2）通过（最多）4 项测试（理论测试、案例研究、驾驶能力、

---

❶ 欧盟在 2003 年 7 月 15 日颁布的第 59 号令中推出营运汽车驾驶职业能力认证制度（The Driver Certificate of Professional Competence，简称 Driver CPC）。

实际演示）；

（3）每 5 年进行 35 小时的定期培训，以保持证件有效。

（三）德国

1. 概述

基于欧盟在 2003 年 7 月颁布的第 59 号令，德国制定了《职业驾驶员资质法》，对职业驾驶员的基础培训和继续教育等相关事宜进行了规范。

2. 适用范围

已取得客车或重型卡车的驾驶证、且准备从事客运或货运工作的驾驶员。

3. 获得和延续客货运从业资格

拥有客车或重型卡车驾驶证的驾驶员，必须通过基础培训考试，才能取得客运或货运从业资格。一般流程如下：

（1）驾驶员可以自愿选择在国家认可的培训点（如有权发放 CE 或 DE 类驾驶证的驾校或提供"职业驾驶员"职业培训的机构）接受基础培训。

（2）培训后，驾驶员需参加由其居住地所在辖区的工商联合会组织的基础培训考试。

（3）通过考试的驾驶员，向其居住地所在辖区的驾驶证管理部门提交考试合格证明。随后驾驶证管理部门会在其驾驶证上添加"95"数字标识，以示其取得了客运或货运从业资格。"95"数字标识的单次有效期为 5 年。

（4）获得"95"标识的驾驶员应至少每 5 年在国家认可的培训点接受一次继续教育，并将继续教育相关完成证明提交至其居住地所在辖区的驾驶证管理部门，用以办理"95"数字标识的延期手续。继续教育分五大模块，即生态培训、社会规定/市场 & 形象、安全技术和驾驶安全、衔接桥梁之驾驶员/道路交通的风险和紧急情况、乘客安全/货物安全。每个模块学习时长为 7 个小时，总计 35 个小时。

（四）俄罗斯

1. 概述

2019 年 3 月颁布的新版《俄罗斯联邦道路交通安全法》要求驾驶 8 座以上客车、从事经营性客运的驾驶员除必须拥有由俄罗斯内务部颁发的相应驾驶证外，还必须持有由俄罗斯联邦交通运输监督局颁发的相关许可证。

2. 适用范围

驾驶 8 座以上客车、从事经营性客运的驾驶员须持有客运许可证。不以营运为目的、驾驶车辆座位数少于 8 个的驾驶员无需持有客运许可证。

3. 获取客运许可证

申请客运许可证时，应向俄联邦交通运输监督局提交以下文件的原件：客车营运申请书，申请书中要注明客运类型（国内或国际客运）以及法人（法人实体）基本信息；税务登记信息；国税收款收据；相关的国家登记文件；所附文件清单。

同时，须提交以下文件的复印件：自有或租赁车辆的牌照，车辆技术检验证明；不动产、停车场产权证书，拥有车辆维修技术设备证明或申请人与车辆维修机构签署维修合同；有工作人员（接受过高等或中等职业医疗教育）对班线客运驾驶员进行体检的证明，或与相关医疗机构签署合同；与驾驶员签订合同，"D"类驾驶证（准驾车型为大型客车），医疗证明和确认资格和驾驶经验的文件；第三者责任强制保险合同。

俄联邦交通运输监督局签发的客运许可证有效期为 5 年。客运许可证申请审核时间为 30 至 45 天。客运许可证持有人应在客运许可证有效期届满 10 日前提交延期申请。

（五）日本

1.概述

根据《道路交通法》，日本机动车驾驶证由日本国家公安委员会和警察厅交通局共同管理监督。警视厅（东京都）和警察本部（其他道府县）下设交通部驾驶证课或驾驶证本部负责组织驾驶证的考试以及发放、更新、记录等具体工作。

日本驾驶证可分为"一类驾驶证"、"二类驾驶证"和"临时驾驶证"。前两类驾驶证由警视厅和警察本部下设的交通部驾驶证课或驾驶证本部在驾驶证考试中心发放给合格驾驶员，证件签发机构为各都道府县公安委员会。"临时驾驶证"一般由警视总监（东京都警视厅长官）或各道府县警察本部部长签发。

2.机动车驾驶证管理体系

（1）一类驾驶证。

一类驾驶证是驾驶员在非营运载人以及营运载货等情况下驾驶机动车时需要持有的证件。

适用范围：

①用于载人（不包括代驾）、运货的私家车；

②以运货为主要业务的营运机动车；

③以试驾、训练、阅兵等为目的而载人的机动车；

④公交车、出租车等试运行时（不允许载客）；

⑤学校、公司和团体组织等私人所有的、不以营利为目的的载人机动车。

分类：

法定分类	具体分类	报考年龄
一类驾驶证	大型机动车一类驾驶证	21 岁以上（自卫官 19 岁以上）
	中型机动车一类驾驶证	20 岁以上（自卫官 19 岁以上）
	准中型机动车一类驾驶证	18 岁以上
	普通机动车一类驾驶证	
	大型特殊机动车一类驾驶证	
	大型机动二轮车一类驾驶证	
	普通机动二轮车一类驾驶证	16 岁以上
	小型特殊机动车一类驾驶证	
	摩托化自行车一类驾驶证	
	牵引车一类驾驶证	18 岁以上

（2）二类驾驶证。

二类驾驶证是驾驶员以营利为目的运送乘客时需要持有的证件。

适用范围：

①公交车、出租车等以盈利为目的运送乘客的机动车；

②因代驾而载客盈利的机动车。

分类：

法定分类	具体分类	报考年龄
二类驾驶证	大型机动车二类驾驶证	21 岁以上
	中型机动车二类驾驶证	
	普通机动车二类驾驶证	
	大型特殊机动车二类驾驶证	
	牵引车二类驾驶证	

（3）临时驾驶证。

临时驾驶证是在驾驶员拿到正式驾驶证之前的一个必要的过渡性驾驶证。持有临时驾驶证的驾驶员被允许在有教员和符合规定的人员同乘的条件下上路，且需要在车身贴上"临时驾驶"标识，类似我国实习期车身上所贴的"实习"标志。

适用范围：

①选择直接参加考试以及在非指定驾校学习，并通过考试中心临时驾驶证技能测试的学员；

②选择在指定驾校进行训练，并在驾校通过临时驾驶证测试的学员。

分类：

法定分类	具体分类
临时驾驶证	大型机动车临时驾驶证
	中型机动车临时驾驶证
	准中型机动车临时驾驶证
	普通机动车临时驾驶证

3. 获取驾驶证

驾驶员要取得驾驶证，需要在驾驶证考试中心参加三项考试项目：身体测试、技能测试、学科测试。此前，驾驶员可以在都道府县公安委员会指定的驾校进行学习，毕业合格之后参加驾驶证考试时可免考技能测试。大多数学员选择通过驾校进行训练及考试。

因为持有二类驾驶证的驾驶员将对乘客的生命安全负责，所以二类驾驶证的考取条件比较严格，具体要求如下：

驾驶证名称	年龄	必要资格
大型机动车二类驾驶证	21 岁以上	满足下列任一条件： 1. 已持有其他二类驾驶证； 2. 持有大型机动车一类驾驶证、中型机动车一类驾驶证、准中型机动车一类驾驶证、普通机动车一类驾驶证或大型特殊机动车一类驾驶证 3 年以上（不包括驾驶证停止使用期、法律规定的 2 年以上职业者）
中型机动车二类驾驶证		
普通机动车二类驾驶证		
大型特殊机动车二类驾驶证		

驾驶证名称	年龄	必要资格
牵引车二类驾驶证	21 岁以上	满足下列任一条件： 1.持有大型机动车一类驾驶证、中型机动车一类驾驶证、准中型机动车一类驾驶证、普通机动车一类驾驶证或大型特殊机动车一类驾驶证 3 年以上（不包括驾驶证停止使用期、法律规定的 2 年以上职业者），同时需要持有牵引车一类驾驶证； 2.持有其他二类驾驶证（大型机动车二类驾驶证、中型机动车二类驾驶证、普通机动车二类驾驶证、大型特殊机动车二类驾驶证中任意一个）

二、典型国家经营性道路运输从业资格管理特点分析

尽管上述五国在客货运输驾驶员从业资格管理方式上有所不同，但均对从业资格申请提出了明确的要求。其中，美国、英国、日本政府要求驾驶员在拥有驾驶证的基础上，还需单独申请获得客货运输驾驶证或从业资格证；德国政府在驾驶员原有驾驶证上添加"95"标识以给予从业许可；俄罗斯政府允许驾驶员获取大型客车驾驶证后，即可申请国内客运许可证。根据上述分析，本报告认为上述国家在客货运输从业资格管理中主要存在以下几个特点：

（一）各国均提出驾驶证是获取客货运输从业资格的前提条件之一。各国政府对道路运输从业资格采取了不同的申请流程。其中，美国、英国、日本均要求驾驶员在获得本国的普通驾驶证后，需要通过重新申请驾驶证或资格证的方式获得从业资格；德国、俄罗斯要求驾驶员在获取卡车或客车驾驶证后，还需进一步提出申请。由此可见，尽管各国政府对驾驶员申请时的驾驶技能提出了不同程度

要求，设置了不同的申请流程，但均未取消驾驶员在从事道路运输前需"二次"申请的做法。

（二）多数国家均明确交通运输部门为客货运输的主管部门。根据上述分析，在美国，负责商用驾驶证考试的标准制定和具体组织单位分别为运输部联邦汽车运输安全管理局和各州车辆管理局；在英国，CPC 驾驶证的考试组织及颁发由隶属于英国交通部的驾驶员车辆标准局（DVSA）负责；在俄罗斯，联邦交通运输监督局负责颁发客运许可证。可以说，在多数国家，交通运输部门不仅是道路运输管理的主管部门，也是负责从业人员资格管理的主要部门。

（三）多数国家以法规的方式强制要求从业人员接受继续教育。德国政府《职业驾驶员资质法》要求，驾驶员至少每 5 年需在国家认可的培训机构接受一次继续教育；英国政府要求，驾驶员每 5 年必须进行 35 小时的定期培训，以保持证件始终处于有效状态；日本政府要求，驾驶员更新驾驶证时必须接受讲习教育。由此可见，多数国家高度重视驾驶员继续教育，并将其作为从事客货运输的周期性"必修课"。

（四）部分国家将各地驾驶员信息纳入中央政府信息平台统一管理。美国政府通过将各州政府驾驶员信息与国家驾驶员注册系统联网的方式，实现对各州驾驶员的集中管理，并为驾驶员在其他州申请商业驾驶证提供便利；英国政府则要求驾驶员在申请时即将个人信息上传交通部驾驶员车辆标准局（DVSA）的电子信息平台，从而实现了对从业者的集中管理。总的来说，为适应现代化管理的需要，部分国家已通过整合资源、信息共享的方式将各地驾驶员信息纳入到中央政府信息系统进行统一管理，从而有效提升了行政审批的效能。

三、相关启示

（一）道路运输从业资格证有存在的必要性。要求从事道路运输的驾驶员必须持有机动车驾驶证及从业资格证并非中国独有，前文所列举的典型国家多采取这一模式。各国要求道路运输驾驶员持"双证"上岗的主要原因在于从业资格证与驾驶证侧重点不同。道路运输事关人民群众生命财产安全，从事道路运输仅持有驾驶证是不够的。驾驶证代表驾驶员已经基本掌握了机动车驾驶技术和通行规则。要求持有从业资格证旨在确保驾驶员掌握了道路运输的相关法规、运输生产经营、专业技术要求、安全生产等相关知识。要求道路运输驾驶员必须持有驾驶证与从业资格证是实现道路安全运输生产的双保险，而非负担。

（二）道路运输领域有立法需求迫切性。着力推动《道路运输法》立法，提升道路运输职业资格法律地位。2018 年，中国全国道路运输完成营业性客运量 136.72 亿人，旅客周转量 9279.68 亿人公里。货运量 395.69 亿吨，货物周转量 71249.21 亿吨公里。2018 年，我国仅从事道路货物运输的驾驶员数量就达 1776.8 万人。道路运输在中国国民经济中的作用极为重要，在综合运输体系中的地位不可或缺，行业就业人口数量非常庞大。然而，我国《道路运输法》至今仍未出台，道路运输领域立法还亟待加强。道路运输方面的法律空白不利于我国道路运输的发展以及道路运输职业资格制度的完善。以日本为例，1951 年，日本制定了《道路运输法》，1960 年、1989年、2017 年分别对其进行了三次修订。日本《道路运输法》对职业资格制度的确立和完善起到了决定性的作用。鉴于道路运输重要的社会地位，建议尽快启动《道路运输法》立法工作，推动《道路运输法》的出台，夯实道路运输职业资格制度法律基础。

（三）道路运输从业资格管理有创新的紧迫性。学习借鉴国外先进经验，明确交通部门在道路运输从业资格管理中的职责定位，优化从业人员资格管理制度。当前道路运输从业资格证被广为诟病的主要原因在于道路运输从业资格证的申请条件和考试要求跟机动驾驶证基本类似，存在重复许可、多次认定问题；从业资格证考试变成走过场；重复管理，重复收费；认证过程费时费力。负责道路运输从业资格管理的交通部门"重审批、轻监管、重收费、轻管理"是导致上述问题的根本原因。

从上文列举的国外概况中不难发现，交通运输部门在多数国家中是道路交通管理的主管部门，也是从业人员资格管理的主要部门。建议我国交通部门在道路运输从业资格管理中实现管理方式转变，借鉴国外先进经验，推动粗放式管理向精细化、信息化、法治化管理转变；确保办证过程公开透明，切实发挥道路运输从业人员资格管理的主导作用；合理优化考试内容，避免出现考试内容类似、重复考核的情况；尽快取消不合理的措施，利用互联网云平台、大数据等技术搭建电子信息平台减轻从业人员的办证成本；与公安部门共同研究机动车驾驶证与道路运输从业资格证两证合一的可行性方案。

（本文发表于 2019 年第 6 期《交通运输国际动态》）

日本道路运输从业人员现状分析
及相关政策

交通运输部职业资格中心　付宇　张翠婷

近年来，日本道路运输业出现从业人员年龄偏高、收入偏低、劳动时间长、劳动力紧缺等现象，已成为影响经济复苏的瓶颈。为改善道路运输从业人员恶劣的劳动环境，日本政府部门修订了相关法律法规，制定了一系列人才保障和培育措施，并利用信息技术提高道路运输业生产效率。本报告详细介绍了日本道路运输从业人员的定义与内涵，调查分析了当前日本道路运输从业人员的相关统计数据，系统梳理了行业相关政策，供部决策参考。

在日本，道路运输货运占全国货运周转量 50% 以上，道路运输客运占总全国客运周转量约 20%，其中营运性车辆客运占比为 48%。道路运输业对维持日本社会客货运畅通起到了关键性作用，而道路运输从业人员的数量和质量则决定了道路运输业的发展水平。

一、道路运输从业人员的定义与内涵

日本政府对劳动人员的统计调查具有两种分类方式：一是"标准产业分类"，从产业角度出发，将本行业领域的行政、财务、技术、后勤等所有人员全部统计在内；二是"全国劳动职业分类"，从劳动工种角度出发，依据劳动人员生产活动的属性进行分类统计。在标准产业分类中，政府部门设置了大分类"交通运输和邮政业"，下设铁路业、道路客运业、道路货运业、水运业等中分类。在全国劳动职业分类中，从事运输行业的人员对应大分类为"Ⅰ.运输、机械载具驾驶职业"，其中道路运输从业者应归类到"66 机动车运输"项中，主要由巴士驾驶员、客车驾驶员（出租车驾驶员占比超过 90%）、货运车驾驶员构成，见表 1。

表 1　日本道路运输行业分类

大分类	中分类	小分类	细分类
Ⅰ.运输、机械载具驾驶职业	65 铁路运输		
	66 机动车运输	661 巴士驾驶员	661-01 固定路线巴士驾驶员 661-02 特约巴士驾驶员 661-03 区间巴士驾驶员
		662 客车驾驶员	662-01 自用车驾驶员 662-02 营运车驾驶员 662-03 自用车代理驾驶员
		663 货运车驾驶员	663-01 卡车驾驶员 663-02 拖挂车驾驶员 663-03 混凝土搅拌车驾驶员 663-04 自卸车驾驶员 663-05 油罐车驾驶员 663-06 垃圾车驾驶员 663-07 车辆托运员 663-99 其他卡车驾驶员
		669 其他车辆运输职业	
	67 船舶、航空运输		
	68 其他运输		
	69 特定用或建设用载具驾驶		

在日本，为商业目的运输旅客和货物的专用车辆被称为营运性机动车或事业用机动车。营运性机动车载具的驾驶操作人员即可视作道路运输从业人员。根据日本《道路交通法》的规定，驾驶不同类型的机动车必须考取相关驾驶证，驾驶仅用于私人用途的小型车

辆需考取"第一种驾驶证";期望驾驶营运性客运小型车辆（例如出租车）的人员必须考取"第二种驾驶证"。驾驶小型以上车辆的人员，不论是否用于商业用途，需考取"准中型""中型""大型"等机动车驾驶证。

另外，由于受《道路交通法》对营运性车辆界定和相关驾驶证管理的约束，日本实质上没有私家车从事网约车的空间。以营利为目的的小型车客运服务，必须取得"第二种驾驶证"，但这种驾驶证考取难度极大，需有 3 年以上驾龄并且 3 年内没有出现过任何违章行为。再加上日本政府出于对市场秩序稳定的考量，对网约车行业持保守态度，所以在日本利用私人家从事网约车行业的人员等同于零。

二、道路运输从业人员相关统计数据

（一）总体人数：138 万。2019 年，日本全国人口 1.27 亿，就业人数约为 6400 万人，其中交通运输从业人员约为 340 万人，占比 5.3%；道路客货运从业人员约为 220 万，占比 3.4%。全行业女性占比为 44.2%，道路运输从业人员女性占比仅为 2.3%。巴士（公交车、长途客车等）从业人员为 17.5 万人；出租车从业人员为 37.7 万人；货运从业人员为 166 万人，其中驾驶人员为 83 万人。道路运输从业人员数量合计 138 万人。

（二）平均年龄：51.4 岁。从就业人员平均年龄上看，日本全行业为 42.3 岁。交通运输与邮政业为 45.7 岁（包括水运、铁路等），仅次于采矿业的 47 岁。2019 年道路运输从业人员平均年龄为 51.4 岁，其中，巴士驾驶员为 51.2 岁，出租车驾驶员为 60.1 岁，大型货车驾驶员为 48.6 岁，小型货车驾驶员为 46.2 岁。从年龄结构上看，道路货运从业人员中老年段（40 岁至 54 岁）的人数占比约为

45.1%，见图 1。相比全行业，道路运输从业人员老龄化较严重。同时，近年来出租车驾驶员的平均年龄也逐年上升（2003 年平均年龄为 54 岁，2019 年上升至 60.1 岁）。因为日本的老年人在 60 岁退休后，倾向于选择出租车行业继续劳动，不单是为了生计，而是希望接触社会、融入社会。出租车公司雇佣的驾驶员，最大年龄可以到 75 岁；而个人经营的出租车，甚至有 86 岁的纪录。

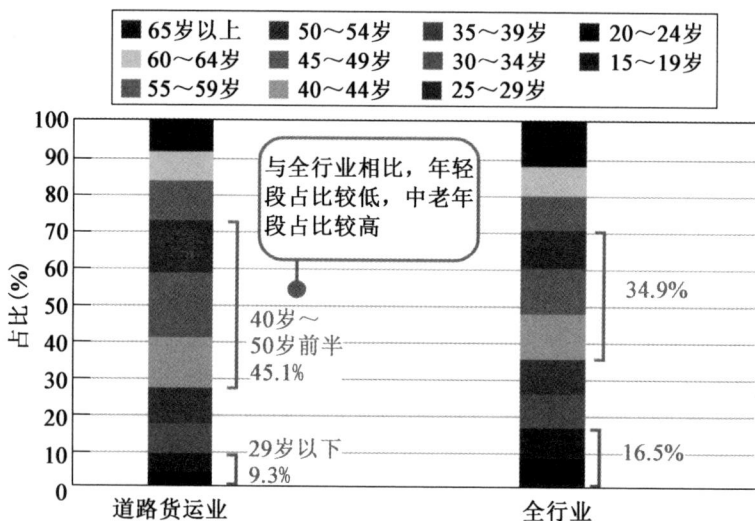

图 1　道路货运业人员年龄结构与全行业对比图

（三）平均工作时间：49.4 小时/周。2019 年，日本全行业的年均工作时间为 2124 小时。交通行业的年均工作时间为全行业之首，主要是加班时间过长。其中道路运输从业人员年工作时间为 2575 小时以上，换算每周工作时间为 49.4 小时，高于每周 40 小时的国内外主要劳动时间。巴士驾驶员年均工作时间为 2520 小时，出租车驾驶员为 2328 小时，大型货车驾驶员为 2580 小时，中小型货车驾驶员为 2568 小时。日本规定货运业驾驶员可以每月工作 176 小时（约每周 41 小时），已高出全行业平均水平（每月 165 小时，约每周 38 小时）；在实际过程中，货运业基本都会产生加班现象，加班时间高达每周 9 小时，远高于全行业每周 3.7 小时的加班时间。

（四）人均收入：26 万元/年。2018 年日本全行业男性年均收入为 34.8 万元。道路运输从业人员年均收入为 26 万元，其中巴士行业为 28.8 万元，出租车行业为 21.7 万元，大型货车行业为 28.6 万元，小型货车行业为 26.3 万元。道路运输从业人员收入整体水平较低。在道路运输行业内，货运驾驶员时薪最高，为 101 元，出租车驾驶员为 88.6 元，巴士驾驶员为 97 元，但都低于全行业平均水平 124.7 元。根据日本厚生劳动省的调查，日本从业人员的收入与年龄段相关（图2），自 19 岁到 60 岁退休前为正相关，从 60 岁往后是负相关。出租车行业中的老龄人口占比较多，对平均数值影响较大。

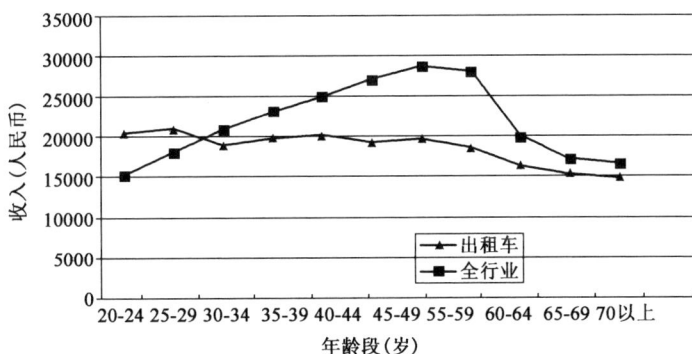

图 2　出租车行业收入—年龄关系图

（五）相关问题。从以上统计数据来看，道路运输从业人员有以下几个特点：劳动时间长、收入低、老龄化严重。再加上运输业本身的室外工作和高劳力负荷等属性，因此人们对道路运输从业意愿较低。

日本全行业的劳动力需求指数为 3.1，交通运输行业情况最差，需求指数达到 5.7，并且货运业由于需要长时间辛苦加班跑外勤，需求指数为全行业的 2 倍。

驾驶人员老龄化也会带来安全隐患。2018 年，日本 75 岁以上的人造成的交通事故死亡人数是 75 岁以下的人的两倍以上。道路运输从业人员紧缺且整体老龄化，可能导致日本道路交通可持续发展乏力，进而成为经济复苏的瓶颈之一。

三、道路运输从业人员相关管理政策

为了改变机动车运输业劳动力制约现状，日本政府制定了相关人才保障和培育政策，主要包括优化劳动环境、拓宽就业资格和提高生产效率三个方面。

（一）优化劳动环境

1.减少货车驾驶员过长时间驾驶。2017 年 3 月，日本出台了《劳动条件改革实施计划》，计划在未来 5 年，所有行业在法定工作外的加班时间，每年不应超过 720 小时。多数货车驾驶员每年加班时长超过 960 小时，对此，国土交通大臣提出，货车运输业需采取措施，改变现有从业人员工作状态，在日本《劳动基准法》修正案（2019 年 4 月）出台后的 5 年内，必须消除货车驾驶员超长时间加班的现象，720 小时即为上限，由政府实施监督。近年，日本厚生劳动省也宣传号召减少对货运服务的需求，尽量自行运送货物或行李，搬家应避开高峰月份（每年 3 至 4 月）等，尽可能减少货运驾驶员的压力。

2.注重驾驶员身体安全。2015 年，国土交通省、厚生劳动省、卡车运输企业、驾驶员工会及有关学者联合召开了"货车运输业环境和劳动时间改善协议会"，针对货车驾驶员现在的工作状态，全面开展调研，并研究相关改善措施。协议会发布了《机动车运输行业者健康问题起因与防范手册》，向运输业的驾驶员及管理者普及健康防范知识。2018 年还发布了《防止过劳死计划》，提出在 2022 年将从业人员因心脑疾病引发过劳死的数量降低 20%。

（二）拓宽就业资格

为了吸引年轻人进入道路运输业，2018 年日本专门修改了《道路交通法》，调整原"普通车辆"（5 吨以下，无驾龄要求）、"中型车辆"（5 至 11 吨，2 年驾龄）、"大型车辆"（11 吨以上，3 年驾龄）驾驶证的载重规定，增设了第四种"准中型车辆驾驶证"（3.5 至 7.5 吨，无驾龄要求）。此举实质上是将无驾龄的年轻人的可驾驶车辆总重上限由 5 吨提高为 7.5 吨，为年轻人提供更大的选择空间，吸引更多劳动力。

（三）提高生产效率

国土交通大臣多次呼吁，运输企业应通过提高生产效率而不是延长员工工作时间来维持经营。近年来，运输行业改变过去传统的运营模式，更多地采用了信息技术。例如日本全卡车联合会开发了名为"WEBKIT"的物流网，是日本最大的"求车求货"信息系统。该平台集结了各企业的运输力量，以及市场上客户委托的各种运输需求，成功地解决了物流市场上运输企业"小、散、杂、弱"的问题。这样既能够让物流企业顺畅地完成产品配送任务，缓解配送车辆调度压力，也可以成功地减少市场上的闲置车辆，实现了高效的集成服务。日本相关行业也在不遗余力地开发自动驾驶技术，由"国土交通省自动驾驶战略本部"牵头的卡车队列自走项目已进行了社会实地实验，国土交通大臣已基于此开展了新的道路物流制度研究。

（本文发表于 2020 年第 3 期《交通运输国际动态》）